Diác. Luciano José Dias

Celebrações e bênçãos por ministros leigos

Diác. Luciano José Dias

Celebrações e bênçãos por ministros leigos

o desabrochar de novos tempos

CREDO EDICIONES

Imprint
Any brand names and product names mentioned in this book are subject to trademark, brand or patent protection and are trademarks or registered trademarks of their respective holders. The use of brand names, product names, common names, trade names, product descriptions etc. even without a particular marking in this work is in no way to be construed to mean that such names may be regarded as unrestricted in respect of trademark and brand protection legislation and could thus be used by anyone.

Cover image: www.ingimage.com

Publisher:
CREDO EDICIONES
ist ein Imprint der / is a trademark of
International Book Market Service Ltd., member of OmniScriptum Publishing Group
17 Meldrum Street, Beau Bassin 71504, Mauritius

Printed at: see last page
ISBN: 978-613-2-70537-2

Celebrações e Bênçãos por Ministros Leigos

O desabrochar de novos tempos

Diácono Luciano José Dias

"Toda criatura é inspirada por Deus e é útil para ensinar, refutar, corrigir e educar na justiça, a fim de que o homem de Deus seja perfeito, preparado para toda boa obra".
Rogo a você diante de Deus e de Jesus Cristo, que há de vir para julgar os vivos e os mortos, pela sua manifestação e pelo seu reino; proclame a palavra, insista no tempo oportuno e inoportuno, advertindo, reprovando e aconselhando com toda paciência e doutrina...

(Carta de Paulo à Timóteo)

Introdução

Este livreto nasceu dentro de uma das reuniões mensais formativas realizadas entre Ministros extraordinários da Palavra e da Sagrada Comunhão. Quando preparava o roteiro para o encontro que, mensalmente reúne diversos Ministros extraordinários, foi-me solicitado preparar um material que facilitasse e ao mesmo tempo unifica-se a atuação dos ministros em seus ministérios e ao mesmo tempo, mantivesse características que tornassem claras as diferenças rituais litúrgicas entre as celebrações leigas e celebrações ordinárias.

A partir daí, comecei a reunir elementos que viessem a minimizar as dúvidas mais frequentes expostas pelos ministros, proporcionando um desempenho melhorado na direção das celebrações, no atendimento aos doentes, nas homilias, nas bênçãos realizadas nas casas, na compreensão do ano litúrgico, na atenção aos que choram os seus na celebração da esperança e na alegria daqueles que renovam seus votos de amor eterno.

Ficou inviável fazer uma apostila, porque, entre as indagações e expectativas dos ministros, estava o desejo de se criar um material de fácil manuseio, prático e que ao mesmo tempo enaltece-se a dignidade do ato a ser celebrado, podendo ser utilizado em diversas ocasiões e lugares, mantendo o zelo litúrgico pela ação que está sendo tornada célebre.

O resultado do trabalho executado é este que vocês verão a seguir.

Diácono Luciano José Dias

Texto extraído do Livro "Celebração DO DOMINGO ao Redor da Palavra de Deus" pg. 24 – 30 - Ione Buyst

Na ausência da Eucaristia, "....a Igreja como comunidade ***pastoral*** se realiza na celebração da Palavra".

Muita gente pergunta: "Que valor tem uma celebração da Palavra?" Quando vem o padre para celebrar a missa, a capelinha ou o salão enchem de gente; quando é celebração da Palavra, muitas pessoas deixam de comparecer.

No entanto, a celebração da Palavra é um verdadeiro ato litúrgico. Tem força sacramental. Cristo se torna presente e nos faz participantes de seu mistério pascal pela reunião da comunidade, pelas leituras proclamadas e comentadas, pelos cantos e orações. Lembremos o importante texto do Concílio Vaticano II: para levar a efeito sua obra de salvação, Cristo está presente pela sua palavra, "pois é Ele mesmo que fala quando se leem as Escrituras na igreja. Está presente quando a Igreja ora e salmodia, ele que prometeu: Onde dois ou três estiverem reunidos em meu nome, aí estarei no meio deles (Mateus 18,20)" (SC 7).

A reunião dos irmãos e o amor que os une torna visível, palpável e manifesta a união com Jesus Cristo e com o Pai, no Espírito Santo. Não só torna visível, mas faz também crescer nossa união com Ele. É sacramento desta união.

A Palavra anunciada, ouvida e aceita na fé é lembrança de Jesus Cristo: sua vida, sua morte e ressurreição.

Como 2.000 anos atrás na Palestina, assim como em todos os tempos, a força de sua Palavra convoca e atrai as pessoas para segui-lo. Cura cegos, surdos e paralíticos. Faz o marginalizado sair de seu isolamento. Sua Palavra nos atinge e nos modifica:

"Pois como a chuva e a neve descem do céu, e para lá não retornam, sem terem regado a terra, fecundando-a e fazendo-a germinar, (...) assim será com a Palavra que sai de minha boca:

não voltará para mim chocha, sem ter realizado o que eu queria e cumprido a sua missão" (Isaías 55,10-11).

Sua palavra no purifica e nos limpa de nossos pecados: "Vós já estais limpos pela Palavra que vos tenho anunciado" (João 15,3).

Ela abre nossas mentes para captar o sentido dos acontecimentos. Faz de nós discípulos, seguidores. Faz nascer em nós a fé e o compromisso, a esperança e a confiança, o amor e a ação.

Assim como a Eucaristia, também a Palavra é Pão da Vida. É o próprio Cristo com a sua Vida, tanto na Eucaristia, como na Palavra. "Eu sou o Pão da Vida: quem vem a mim já não terá fome e quem crê em mim, jamais terá sede... As Palavras que vos tenho dito são espírito e vida..." (João 6,35.63).

O único Pão da Vida é partilhado de duas maneiras: à mesa da Palavra e à mesa da Eucaristia, representadas respectivamente pela Estante da Palavra e o Altar. Palavra e Eucaristia são duas formas diferentes e complementares da presença real de Jesus no meio de seu povo para realizar nele a sua Páscoa.

O que seria das comunidades se, na ausência do padre, não se reunissem regularmente para ouvir a Palavra de Deus e rezar em comum? Simplesmente deixariam de existir... Graças à celebração da Palavra, as comunidades persistem e crescem na fé e no compromisso com Jesus Cristo e o seu Reino. A celebração do Domingo em torno da Palavra é certamente uma das causas da vivacidade e do dinamismo da Igreja no Brasil.

A falta de padres, que normalmente é considerada uma grande pobreza, resultou, no caso, numa grande riqueza: não tendo padres em número suficiente, o povo começou a assumir a responsabilidade das celebrações, com a ajuda de Deus e dos padres disponíveis; com a ajuda de diáconos, missionários, catequistas, agentes de pastoral, religiosos e religiosas. Nas mãos dos leigos, a liturgia ganhou a "cara nova", mas popular, doméstica, espontânea... da qual falamos acima, possibilitando maior participação e maior crescimento na fé.

Nenhum cristão deve ter dúvidas sobre o valor da celebração da Palavra na comunidade, aos domingos. Não deve largar sua comunidade naquele dia para ir assistir missa em alguma paróquia no centro da cidade, ou para rezar em casa sozinho ou ver e ouvir missa pelo rádio ou televisão. Cristo o espera com sua palavra na reunião da comunidade, que é o Corpo de Cristo, e sacramento de nossa comunhão com Ele. Nada deve substituir esta reunião. Pois quando não participamos da celebração, prejudicamos a comunidade. É como se no corpo faltasse um dedo, ou um braço ou um ouvido.

1. Celebração da palavra

Sinal da cruz
(Aquele que preside, inicia a celebração com estas palavras):

Dirigente: Irmãos e irmãs, estamos aqui reunidos, convocados por Deus nosso Pai, para participarmos da mesa da Palavra. Toda a nossa Celebração será em nome de nosso Deus, que é Pai, Filho, e Espírito Santo.
Todos: Amém

Saudação
Dirigente: A graça de nosso Senhor Jesus Cristo, o amor do Pai e a comunhão do Espírito Santo estejam conosco.

T: Bendito seja Deus que nos reuniu no amor de Cristo.

Ato penitencial

Dirigente: Disse Jesus: "Quem não tiver pecados atire a primeira pedra". Meus irmãos, se Deus viesse nos chamar hoje, como Ele nos encontraria: na graça ou no pecado? No amor ou no ódio? Na partilha ou na acumulação? Arrependidos, clamemos a misericórdia de Deus:

- Senhor, que viestes ao mundo para nos libertar da morte e salvar, tende piedade de nós!
- Cristo, que nos sustentais em nossa caminhada com a força do vosso Espírito, tende piedade de nós!
- Senhor, que voltareis um dia para julgar nossas palavras e nossas ações, tende piedade de nós!

Dirigente: Deus, que é nosso Pai, tenha compaixão de nós, perdoe os nossos pecados e nos conceda a vida eterna! Amém.

Oremos (pausa)... (Oração N. 5 folheto ou a que segue)

Dirigente: Deus, Pai Todo Poderoso, cremos que vosso Filho morreu e ressuscitou por nós. Concedei que por este mistério possamos nós, também ressuscitar em Cristo para a alegria eterna. Por nosso Senhor Jesus Cristo, vosso Filho, na unidade do Espírito Santo. Amém!

Liturgia da palavra

- Procissão da Bíblia
- Primeira leitura
- Salmo
- Segunda leitura
- Aclamação ao Evangelho
- Homilia

Profissão de fé (omite-se durante a semana)

Preces dos fiéis (nº12 do folheto ou a que segue)

Dirigente: Irmãos e irmãs, confiantes apresentemos ao Senhor nosso louvor e as necessidades de nossa comunidade.
Queremos apresentar com simplicidade nossa colaboração para atender as necessidades da nossa comunidade em sinal de nossa solidariedade. Cantemos:

Coleta fraterna

Pai-nosso

Dirigente: Vamos nos dar as mãos como sinal de nossa união. Rezemos a oração que Jesus nos ensinou:

T: Pai nosso..., (ao final do pai nosso omite-se o amém e proclama-se o que se segue.)
Livrai-nos de todos os males ó pai e conduzidos por vossa imensa misericórdia dai-nos hoje e sempre a vossa paz.

Abraço da paz

Dirigente: Irmãos e irmãs, por sua morte e ressurreição, o Cristo nos reconciliou. Demo-nos uns aos outros o abraço da paz!

Momento de louvor tempo comum
(Para outro tempo litúrgico, verificar outra fórmula de louvor no 1.1.).

Da palavra a refeição
(o ministro traz o pão consagrado e o coloca sobre o altar.)

Dirigente: O Senhor esteja conosco.
T: *Ele está no meio de nós.*

Dirigente: Demos graças ao Senhor, nosso Deus.
T: *É nosso dever e nossa salvação.*

Dirigente: Nós vos damos graças, ó Deus da vida, porque nos acolheis na comunhão do Vosso amor e renova nossos corações com a alegria da ressurreição de vosso Filho Jesus, o Cristo. Em Vós, ó Pai, existimos, vivemos e nos movemos. Recebemos a cada dia, do nascer ao pôr do sol, as provas do vosso imenso amor e por vossa bondade esperamos a promessa da imortalidade e a felicidade eterna.
T. "Glória a vós, Senhor, graças e louvor".

Dirigente: Irmãos e irmãs, trazemos este pão consagrado, memória viva do Corpo do Senhor Jesus, que se faz presente em nossa mesa, como se fez presente na última ceia. Assim como seus discípulos comeram daquele pão sagrado, nós também iremos partilhar deste Pão que é o corpo vivo de Jesus. Que Ele confirme a nossa fé na sua ressurreição e nos abençoe!
T: "Glória a vós, Senhor, graças e louvor

Dirigente: Toda a humanidade vos bendiz, ó Pai, pela ressurreição de Jesus, que renova todas as coisas. Nele renova-se a esperança de que a morte será vencida e de que o vosso Reino vai chegar para todos que fazem a Vossa vontade e então teremos a felicidade eterna.
T: "Glória a vós, Senhor, graças e louvor".

Dirigente: Por amor, Jesus quis ficar entre nós também na forma de pão para nos alimentar. Ó Pai, por este sinal do corpo do vosso Filho, expressamos nosso desejo de corresponder com mais fidelidade à missão que nos destes e invocamos sobre nós o Espírito Santo para que nos dê força nesta caminhada. Apressai o tempo da vinda do vosso Reino, e recebei o louvor de todo o universo e de todas as pessoas que vos buscam.
T: "Glória a vós, Senhor, graças e louvor".

Dirigente: *(Mostrando a ambula)* Da mesma maneira como este Pão foi primeiro trigo plantado, multiplicando-se em grãos e depois colhido para tornar-se Pão, congregai assim, Ó Pai, teus filhos e filhas de todos os cantos da terra no vosso Reino! Isto vos pedimos por Cristo, nosso Senhor!
T: Amém!

Rito da comunhão

Dirigente: Provai e vede como o Senhor é bom! Feliz quem encontra nele o seu refúgio. Eis o Cordeiro de Deus, aquele que tira o pecado do mundo.
T: Senhor, eu não sou digno (a)... de que entreis em minha morada, mas dizei uma palavra e serei salvo.
(o ministro comunga e diz em vós baixa).

Dirigente: "Que o Corpo de Cristo me guarde para a vida eterna".

Canto de comunhão

Oração depois comunhão:
(nº18 folheto ou a que segue):

Dirigente: OREMOS: "Alimentados com o mesmo Pão, nós vos pedimos, ó Deus, que possamos viver uma vida nova e perseverar no vosso amor, solidários com vossos filhos e nossos irmãos". "Por Cristo nosso Senhor!". – T: Amém.

Avisos:
(convidar a assembleia a se sentar para os avisos)

Benção e envio:
(Convida-se todos a ficarem em pé para a benção)

Dirigente: O Senhor nos abençoe e nos guarde!
T. Amém.
O Senhor faça brilhar sobre nós a sua face e nos seja favorável!
T. Amém.

O Senhor dirija para nós o seu rosto e nos dê a paz!
T. Amém.
Que o Senhor confirme a obra de nossas mãos, agora e para sempre!
T. Amém.
Abençoe-nos o Deus Todo-Poderoso, o Pai e o Filho e o Espírito Santo!
T. Amém.

Louvado seja nosso Senhor Jesus Cristo!
Para sempre seja louvado

A alegria do Senhor seja a nossa força; vamos em paz e o Senhor nos acompanhe!
T: Graças a Deus!

1.1. Modelos de louvor

1.2. Tempo Quaresma:

Dirigente: O Senhor esteja conosco.
T: ***Ele está no meio de nós.***

Dirigente: Demos graças ao Senhor, nosso Deus.
T: ***É nosso dever e nossa salvação.***

Dirigente: É um prazer para nós vos louvar, ó Deus de bondade. Vós nos dais a cada ano a graça de esperar com alegria a santa Páscoa. De coração purificado, entregues à oração e à prática do amor fraterno, preparamo-nos para celebrar os mistérios

pascais, que nos deram vida nova e nos tornaram vossos filhos e filhas.
T: ***Louvor e gloria a vós, ó Deus de bondade!***

Da palavra a refeição
(o ministro traz o pão consagrado e o coloca sobre o altar.)

Dirigente: Deus tanto nos amou que nos enviou seu Filho único. Jesus, em seu imenso amor, quis ficar conosco na forma de pão. Façamos uma inclinação ao Cristo presente, nossa refeição!

Dirigente: Vamos dar graças a Deus e repartir entre nós este pão consagrado, memória viva do corpo do Senhor, que nos revela sua glória e nos chama a preparar, com intensidade, a sua Páscoa.
T: ***Louvor e glória a vós, ó Deus de bondade!***

Dirigente: Assim como alimentastes vosso povo no deserto, sustentai também a nós que esperamos a Santa Páscoa. Lembrando a Santa Ceia de Jesus, colocamos nesta mesa o Pão Consagrado, sacramento da sua entrega. Nós vos louvamos fazendo memória da sua vida, e do seu amor até o fim, enquanto aguardamos a vossa vinda. Derramai sobre nós o Vosso Espírito, e recebei o louvor de todo o universo e de todas as pessoas que vos buscam.
T: ***Louvor e gloria a vós, ó Deus de bondade!***

Dirigente: ***(mostrando a ambula)*** Assim disse Jesus: "Eu sou o pão da vida. Quem vem a mim nunca mais terá fome e o que crê em mim nunca mais terá sede".
Provem e vejam como o Senhor é bom. Feliz quem encontra nele seu refúgio e segurança.
Eis o Cordeiro de Deus, aquele que tira o pecado do mundo.

1.2.1. Tempo Pascal:

Dirigente: O Senhor esteja conosco.
T: ***Ele está no meio de nós.***
Dirigente: Demos graças ao Senhor, nosso Deus.
T: ***É nosso dever e nossa salvação.***

Dirigente: Ó Deus bondoso e fiel, é muito bom te louvar em todo o tempo e lugar, especialmente neste em que Cristo nossa páscoa foi imolado. **T:** ***A ti, ó Deus, a louvação, nesta festa da ressurreição!***

Da palavra a refeição
(o ministro traz o pão consagrado e o coloca sobre o altar.)

Dirigente: Irmãos e irmãs, trazemos este pão que é a lembrança viva do corpo do Senhor, da vida que ele entregou por todos nós. Façamos uma inclinação ao Cristo presente, nossa refeição!

Dirigente: Graças te damos por Jesus, teu filho, que escolhestes e consagrastes com a força do Espírito Santo. Ressuscitado, ele deu a todos nós este mesmo Espírito, e é nele que te louvamos e te agradecemos.
T: ***A ti, ó Deus, a louvação, nesta festa da ressurreição!***

Dirigente: Neste pão consagrado, expressamos nosso desejo de sermos unidos em Jesus e de vermos brilhar em nossa humanidade o resplendor da sua páscoa.
T: ***A ti, ó Deus, a louvação, nesta festa da ressurreição!***

Dirigente: Faze que as Igrejas cristãs do mundo inteiro caminhem na unidade e que haja diálogo entre todas as religiões e culturas, em vista da construção da paz na terra e da defesa de toda a criação.
T: ***A ti, ó Deus, a louvação, nesta festa da ressurreição!***

Dirigente: *(mostrando a ambula)* Assim disse Jesus: "Eu sou o pão da vida. Quem vem a mim nunca mais terá fome e o que crê em mim nunca mais terá sede".
Provem e vejam como o Senhor é bom. Feliz quem encontra nele seu refúgio e segurança.
Eis o Cordeiro de Deus, aquele que tira o pecado do mundo.

1.2.2. Tempo advento

Dirigente: O Senhor esteja com vocês.
T: Ele está no meio de nós.

Dirigente: Demos graças ao Senhor, nosso Deus.
T: É nosso dever e nossa salvação.

Dirigente: É muito bom te louvar, ó Deus bondoso e fiel! Desde o começo do mundo, tu te revelaste aos antigos pais e mães da nossa fé como Deus santo e amigo da humanidade. Por meio dos profetas, falaste ao povo da primeira aliança e tuas palavras se cumpriram em Jesus, teu filho amado, a quem esperamos.
T: Vem, Senhor Jesus, vem! ***Vem, bem-amado Senhor!***

Da palavra á refeição
(o ministro traz o pão consagrado e o coloca sobre o altar.)

Dirigente: João Batista, lá no deserto, apontou para nós o Messias e deu testemunho de sua luz. Maria, recebendo o anúncio do anjo, ficou grávida do Verbo. E tuas promessas se cumpriram na plenitude dos tempos pela vida de Jesus Cristo, nosso Salvador! Hoje, teu povo reunido em louvação é sinal de que teu reino está chegando. Acolhe nosso desejo de sermos

unidos em Jesus Cristo e de vermos brilhar em nossa humanidade o esplendor da sua luz.
T: Vem, Senhor Jesus, vem! Vem, bem-amado Senhor!

Dirigente: *(mostrando a ambula)* Assim diz o Senhor: "Eis que estou à porta e bato: se alguém ouvir a minha voz e abrir a porta, entrarei em sua casa e comerei com ele e ele comigo" (Ap 3,20). Eis o Cordeiro de Deus, aquele que tira o pecado do mundo.

1.2.3. Tempo Natal

Dirigente: O Senhor esteja com vocês.
T: Ele está no meio de nós.

Dirigente: Demos graças ao Senhor, nosso Deus.
T: É nosso dever e nossa salvação.

Dirigente: É um prazer para nós te louvar, Deus do universo. Antes que nos aproximássemos de ti, tu te fizeste próximo de nós, igual a nós na humanidade de Jesus, para nos fazer participar da tua glória. Com os anjos que anunciaram o teu nascimento em Belém, nós te bendizemos!
T: Glória a Deus no mais alto dos céus!

Da palavra a refeição
(o ministro traz o pão consagrado e o coloca sobre o altar.)

Dirigente: Por ele, realiza-se hoje o maravilhoso encontro entre o céu e a terra para conduzir todos os viventes à intimidade da tua comunhão. Tornando-se humano entre nós, a nossa natureza humana recebe uma incomparável dignidade.
T: Glória a Deus no mais alto dos céus!

Dirigente: Diante do pão consagrado que nos deste como alimento de nossa caminhada, nós te agradecemos. Derrama sobre nós o teu Espírito. Como santificaste Jesus no batismo, consagra-nos também. Faz de nós criaturas novas e recebe o louvor de toda a criação.

Dirigente: *(mostrando a ambula)* O Verbo se fez carne e habitou entre nós. Hoje desceu do céu a verdadeira paz.
Eis o Cordeiro de Deus, aquele que tira o pecado do mundo.

1.2.4. Homilia

"Conversa familiar", ligando Vida, Bíblia e Celebração.
Maria de Lourdes Zavarez

A Liturgia da Palavra é diálogo amoroso e comprometedor entre Deus e seu povo, congregado em Cristo e animado pelo seu Espírito.

A homilia, como parte integrante deste diálogo, merece nossa atenção.
Homilia significa conversa familiar. Um diálogo fraterno, continuando o assunto da conversa que Deus vem fazendo conosco através das leituras e dos fatos da vida. Ela tece harmoniosamente uma relação entre a Bíblia, a celebração e a vida. Estabelece um elo entre a proposta de Deus e a resposta da assembleia.

A homilia é ação simbólica assim como cada momento da liturgia da palavra. "*Cristo está presente na sua Palavra, quando na Igreja se lê e comenta a Escritura*" (SC 7). Esta afirmação do documento conciliar sobre a liturgia nos lembra a experiência dos discípulos de Emaús, que sentiram o coração arder quando, pelo caminho, Jesus lhes falava e explicava as Escrituras. (cf. Lc 24,32)

Homilia não pode ser confundida com sermão, discurso temático ou pregação com caráter moralizante. Não é estudo bíblico ou catequético nem reflexão e, muito menos, deve ser substituída por desabafos pessoais de quem a faz.

Não basta simplesmente explicar os textos bíblicos. É preciso interpretá-los a partir da realidade, atualizando-os na vida concreta da comunidade celebrante, tendo como referência o mistério de Cristo. Ele faz arder os corações, abrindo-os à conversão, à transformação pessoal, comunitária e social...

A homilia é o momento da comunidade expressar e firmar seu compromisso com o Senhor, como parceira da aliança, como se deu aos pés do Sinai, quando Deus propôs ao povo de Israel: "*Se ouvirdes a minha voz e guardardes a minha aliança, sereis minha propriedade exclusiva dentre todos os povos*". O povo, prontamente, respondeu: *"Faremos tudo o que o Senhor falou" (Ex 19,7-8).*

Quebramos a dinâmica dialogal deste momento, quando deixamos os compromissos para os ritos finais, desconhecendo que tudo o que se segue à homilia, com o rito eucarístico, é celebração deste compromisso, ou seja, a *entrega de nossa vida com Cristo ao Pai.*

Cremos que é o próprio Cristo que fala, quando na liturgia, são lidas e explicadas as Escrituras. E a homilia é ação do seu Espírito. Ele abre a comunidade para compreender, saborear e aceitar a Palavra proclamada, perceber o sentido dos acontecimentos à luz da Páscoa, renovar em ação de graças sua fé, retomar os motivos de sua esperança e se comprometer com a fraternidade, a justiça e o mandamento do amor.

Esta ação não se dá automaticamente. É trabalho conjunto do Espírito e da comunidade celebrante.

Além de fazer a ligação entre os textos bíblicos e a vida, é função da homilia abrir e conduzir a assembleia para dentro mistério da salvação, acontecendo no momento celebrativo. É sua dimensão mistagógica nem sempre levada em conta em nossas celebrações.

E como fazer isto? Primeiramente, evocando as ações libertadoras que Deus realizou e realiza por nós em Jesus. Ele é o grande motivo da ação de graças que a comunidade faz a seguir na oração eucarística. E, depois, despertando na assembleia a atitude de oferenda e comunhão com Cristo ao Pai.

A pessoa responsável pela homilia é normalmente quem preside, que poderá envolver outras pessoas e até toda a assembleia na partilha da Palavra. É uma tarefa sagrada. Daí decorre sua responsabilidade de preparar-se bem durante a semana.

Neste sentido, muito tem ajudado um jeito antigo de ler a Bíblia, redescoberto e utilizado recentemente, por muitas comunidades cristãs, *a leitura orante, ou lectio divina.* Esse método consta de quatro momentos ou passos:

a) **A leitura** aprofundada e cuidadosa dos textos bíblicos indicados, ou pelo menos do evangelho;

b) **A meditação,** ligando os textos bíblicos com nossa vida, com a realidade que nos cerca;

c) **A oração** brotando desta meditação: “O que esta palavra nos leva a dizer a Deus?”

d) **A contemplação,** momento de entrar em comunhão íntima, deixando-nos conduzir pela ação amorosa do Senhor. “

Para manter a dimensão orante, dialogal, profética e mistagógica, três perguntas poderão orientar e facilitar a participação da assembleia nesta conversa familiar, que é a homilia:

- *Qual a boa notícia de Deus para nós hoje?*
- *Qual o apelo que Ele nos faz?*
- *Que resposta daremos a esta Palavra na celebração e na vida?*

O silêncio torna-se indispensável no final da homilia. Assim a resposta à Palavra, a ser dada pela comunidade, na celebração e na vida, ganhará autenticidade, realizada primeiro, no íntimo de cada pessoa, pela ação do Espírito. Este momento poderá ser seguido de um refrão, inspirado na Palavra.

1.3. Esquema ano litúrgico

O ano Litúrgico é o calendário religioso. Contém as datas dos acontecimentos da História da Salvação. Não coincide com o ano civil, que começa no dia primeiro de janeiro e termina no dia 31 de dezembro. O ano Litúrgico começa e termina quatro semanas antes do Natal. Tem como base as fases da lua. Compõe-se de dois grandes ciclos: o Natal e a Páscoa. São como dois polos em torno dos quais gira todo ano Litúrgico.

Advento:
Compõe-se de quatro semanas.
Inicio: 4º domingo antes do Natal
Termino: 24 de dezembro
Embora a cor litúrgica seja o roxo, não é propriamente um tempo de penitencia, mas de purificação da vida pela justiça e pela verdade, preparando os caminhos do Senhor. Também não é

tempo de festa, mas de esperança e alegria moderada, pois arrumamos a casa para receber a mais nobre visita, anunciada pelos profetas.
Espiritualidade: Esperança e purificação da vida
Ensinamento: Anúncio da vinda do Messias
Cor: Roxa

Natal:
Inicio: 25 de dezembro – Natal, e se prolonga por três domingos.
Termino: Na festa do Batismo de Jesus
Espiritualidade: Fé, alegria e acolhimento
Ensinamento: O Filho de Deus se fez homem. Celebra, com grande alegria, o nascimento de Jesus. Nossa atitude é de gratidão e de glorificação de Deus no mais alto céu
Nesse tempo estão também as festas da Sagrada Família, de Santa Maria Mãe de Deus, da Epifania e do Batismo de Jesus.
Cor: Branca

Tempo comum (I)
Inicio: 2ª feira após o Batismo de Jesus
Termino: Véspera da 4ª feira das Cinzas, depois recomeça na segunda feira após o Pentecostes e vai até o sábado antes do Primeiro Domingo do Advento.
Espiritualidade: Esperança e escuta da Palavra
Ensinamento: Anúncio do Reino de Deus
Cor: Verde
Quaresma
Início: Quarta-feira das Cinzas
Término: 4ª feira da Semana Santa
Espiritualidade: É tempo forte de Penitência e conversão de jejum e oração. Precisamos renunciar ao mal e aderir a Jesus que carrega sua cruz. É tempo de preparar a Páscoa. Compõe-se de cinco semanas. Na Quaresma não se diz o Aleluia, nem se

colocam flores na igreja. Os instrumentos musicais devem ser moderados.
Ensinamento: A misericórdia de Deus
Cor: Roxa

Páscoa
Inicio: 5ª feira santa (Tríduo Pascal), o ponto alto desse tríduo é a ressurreição do Senhor, na vigília Pascal. O período Pascal dura 50 dias.
Término: No Pentecostes, que é a vinda do Espírito Santo.
Espiritualidade: Alegria em Cristo ressuscitado
Ensinamento: Ressurreição e vida eterna
Cor: Branca, símbolo da alegria.
Na segunda feira após o Pentecostes recomeça a segunda parte do Tempo Comum.

Tempo comum (II)
Inicio: 2ª feira após o Pentecostes
Término: Véspera do 1º Domingo do Advento
Espiritualidade: Vivência do Reino de Deus
Ensinamento: Os cristãos são o sinal do Reino
Cor: Verde

2. Celebração do Batismo de crianças

Preparar o ambiente bem alegre e acolhedor. Colocar os objetos do batismo (água, óleo, vela, toalha...) em destaque sobre uma mesinha na frente e ao lado do altar.

Rito inicial
1- Motivação
Comentarista: Irmãos e irmãs, o batismo nos introduz na comunidade eclesial, onde vivemos a fé, a esperança e o amor. É

na comunidade que a pessoa encontra amparo e proteção, cresce, amadurece e assume seus compromissos cristãos: trabalhar pelo reino de Deus, lutar pela justiça e servir os irmãos e as irmãs. Que todos sintamos o amor de Deus e a acolhida da comunidade.

2- Acolhida

Ministro: Irmãos e irmãs, somos todos bem-vindos a esta celebração, na qual estas crianças vão receber o sacramento do batismo. Queremos iniciar a celebração com o mesmo sinal com o qual fomos batizados e estas crianças serão batizadas. **Em nome do Pai, do Filho e do Espírito Santo.**

Todos: Amém.

Ministro: Queridos pais e padrinhos, estas crianças que trouxeram para serem batizadas são um dom de Deus e a prova de seu amor. A comunidade se alegra juntamente com vocês por acolher novos membros. Que a paz, o amor, a bondade e a alegria de Deus, nosso Pai, e a comunhão do Espírito Santo estejam sempre com vocês.

Todos: Bendito seja Deus que nos reuniu no amor de Cristo.

3- Diálogo

Ministro: Queridas mães e queridos pais, vocês transmitiram a vida a estas crianças e as receberam como dom de Deus, um verdadeiro presente. Convidamos vocês a apresentarem a criança e o nome que escolheram para ela.
(*Os pais apresentam à assembleia o filho, dizendo o nome.)*

Ministro: Pelo batismo, estas crianças vão fazer parte da Igreja. Vocês querem ajudá-las a crescer na fé, observando os mandamentos e vivendo na comunidade dos seguidores de Jesus?

Pais e mães: Sim, queremos.
Ministro: Padrinhos e madrinhas, vocês estão dispostos a colaborar com os pais em sua missão?

Padrinhos e madrinhas: Sim, estamos.

Ministro: e todos vocês, queridos irmãos e irmãs aqui reunidos, querem ser uma comunidade de fé e de amor para estas crianças?

Todos: Sim, queremos.

Ministro: Nosso sinal é a cruz de Cristo. Por isso, vamos marcar estas crianças com o sinal do Cristo Salvador.
(O ministro, os pais e os padrinhos traçam o sinal da cruz na fronte de cada criança. Enquanto isso, pode-se entoar um canto (ou refrão) apropriado).

Rito da Palavra
Comentarista: Pais e padrinhos, procuremos acompanhar com muita atenção a palavra de Deus que será proclamada. Ela nos mostra a importância e o compromisso que o batismo nos traz. Ela quer iluminar e provocar a nossa fé. O batizado é membro responsável da comunidade. Deve estar inserido nela para formar um só corpo. Todos somos batizados com o sinal da Santíssima Trindade: Pai, Filho e Espírito Santo.

4- Leitura – 1 Coríntios 12,12-13

Leitor: Leitura da primeira carta de Paulo aos Coríntios – Irmãos, de fato, o Corpo é um só, mas tem muitos membros; no entanto, apesar de serem muitos, todos os membros do corpo formam um só corpo. Assim acontece também com Cristo. Pois todos fomos batizados num só Espírito para sermos um só corpo, quer sejamos judeus ou gregos, quer escravos ou livres. E todos bebemos de um só Espírito. – Palavra do Senhor.

Todos: Graças a Deus.
Outras leituras propostas: Romanos 6,3-5; Gálatas 3,26-28; Efésios 4,1-65; Tito 3,4-7; 1Pedro 2,4-5.9-10.
5 – Salmo Responsorial (23/22)

R. O Senhor é o pastor que me conduz, não me falta coisa alguma.

1. O Senhor é o pastor que me conduz, não me falta coisa alguma. Pelos prados e campinas verdejantes ele me leva a descansar. Para as águas repousantes me encaminha e restaura minhas forças. – R.

2. Ele me guia no caminho mais seguro, pela honra do seu nome. Mesmo que eu passe pelo vale tenebroso, nenhum mal eu temerei. Estais comigo com bastão e com cajado, eles me dão segurança. – R.

3. Preparais à minha frente uma mesa, bem à vista do inimigo, com óleo vós ungis minha cabeça e o meu cálice transborda. – R.

4. Felicidade e todo bem há de seguir-me por toda a minha vida e, na casa do Senhor, habitarei pelos tempos infinitos. – R.

Outros salmos propostos: 8,4-5.6-7.8-9; 33 (32), 4-5.12-13.18-19; 63 (62), 2.3-4.5-6.7-8.

(Pode haver um refrão para aclamar o evangelho).

6 – Evangelho – Mateus 28,18-20

Ministro: Proclamação do evangelho de Jesus Cristo segundo Mateus – Então Jesus se aproximou e falou: "Toda a autoridade foi dada a mim no céu e sobre a terra. Portanto, vão e façam com que todos os povos se tornem meus discípulos, batizando-os em nome do Pai, do Filho e do Espírito Santo, e ensinando-os a observar tudo o que ordenei a vocês. Eis que eu estarei com vocês todos os dias, até o fim do mundo". – Palavra da salvação.

Todos: Glória a vós, Senhor.

7 – Pistas para reflexão

A reflexão pode ser espontânea do ministro ou partilhada ou ainda a partir dos seguintes pontos:

1. Com o batismo nos unimos a Cristo e à comunidade. Formamos com ela um só corpo. Todos os membros deste corpo devem estar unidos. Sempre que nos afastamos da comunidade, rompemos os laços de união com ela e esquecemos os compromissos de batizados.

2. Jesus é a autoridade que vem de Deus e dá uma ordem àqueles que o seguem: fazer com que todos os povos se tornem discípulos dele. Todos somos chamados a participar da nova comunidade dos batizados que se compromete a viver o que Jesus nos ensinou.

3. O batismo é o fundamento de toda a vida cristã, o alicerce da vida no Espírito e a porta que dá acesso aos demais sacramentos. Pelo batismo somos libertados do pecado e proclamados filhos e filhas de Deus.

8 – Preces

Ministro: Irmãos e irmãs, apresentamos a Deus Pai nossas preces para estas crianças que vão receber o sacramento do batismo, para seus pais e padrinhos.

1. Para que vos digneis incorporar estas crianças na vossa comunidade cristã. Nós vos rogamos, Senhor.

Todos: Senhor, atendei nossa prece.

2. Santificai estas crianças ao longo de suas vidas, conduzindo-as às alegrias do vosso reino. Nós vos rogamos, Senhor.
3. Para que ao longo de suas vidas, estas crianças saibam testemunhar e proclamar a fé. Nós vos rogamos, Senhor.
4. Senhor Jesus, fazei que os pais e padrinhos destas crianças sejam para elas exemplo de fé e compromisso. Nós vos rogamos, Senhor.
5. Para que todos nós saibamos formar um só corpo e vivamos sempre unidos em nossa comunidade. Nós vos rogamos, Senhor.

(Outras preces preparadas pela equipe de batismo ou espontâneas. A seguir, o ministro convida para a invocação dos santos e santas de Deus e nossos protetores).

Santa Maria, mãe de Deus – rogai por nós.
São João Batista – rogai por nós.
São José – rogai por nós.
São Pedro e São Paulo – rogai por nós.
Santa Maria Madalena – rogai por nós.

(Pode ser acrescentados outros nomes de santos e santas, principalmente dos padroeiros das comunidades).

Todos os Santos e santas de Deus – rogai por nós.

(Pais e padrinhos estendem a mão direita sobre a cabeça da criança, enquanto o ministro reza).

Ministro: Ó Pai, Senhor da vida, enviastes vosso Filho ao mundo para nos libertar da escravidão do pecado e da morte. Lembrai-vos destas crianças que deverão enfrentar muitas vezes as tentações do mal. Liberta-as do poder das trevas. Daí -lhes a força de Cristo e a luz do vosso Espírito, para que, livres do pecado original, vivam sempre como vossos filhos e filhas no seguimento de Jesus. Que vive e reina para sempre, na unidade do Espírito Santo.

Todos: Amém.

9 – Unção pré-batismal

Ministro: Bendito sejais vós, Senhor Deus, no vosso imenso amor, criastes o mundo para nossa habitação.

Todos: Bendito seja Deus para sempre.

Ministro: Bendito sejais vós, Senhor Deus, porque criastes a oliveira, cujos ramos anunciaram o final do dilúvio e o surgimento de uma nova humanidade.

Todos: Bendito seja Deus para sempre.

Ministro: Bendito sejais vós, Senhor Deus, porque, através do óleo, fruto da oliveira, fortaleceis vosso povo para o combate da fé.

Todos: Bendito seja Deus para sempre.

Ministro: Ó Deus, proteção de vosso povo, que fizestes do óleo, vossa criatura, um sinal de fortaleza: concedei a estas crianças a força, a sabedoria e as virtudes divinas, para que sigam o caminho do evangelho de Jesus, tornem-se generosas no serviço do reino e, dignas da adoção filial, alegrem-se por terem renascido no batismo e pertencerem a vossa Igreja. Por Cristo, nosso Senhor.

Todos: Amém.

(O ministro unge, com o óleo dos catecúmenos, o peito de cada criança dizendo):

Ministro: O Cristo Salvador lhes dê sua força. Que ela penetre em suas vidas como este óleo em seus peitos.

Rito do Batismo

Comentarista: Chegamos ao momento central da celebração batismal. Após breve exortação e benção da água, o ministro irá nos convidar a abandonar, em nome dos batizandos, as forças do mal e manifestar a nossa fé. Depois disso, o ministro irá administrar o batismo com a fórmula da Santíssima Trindade. Após o batismo, as crianças serão ungidas com o óleo do Crisma, simbolizando a força que recebemos de Deus para cumprir nossa missão de batizados. A seguir receberão a veste branca, simbolizando a pureza e a santidade que devem buscar e viver ao longo da vida. A vela que os padrinhos acendem quer simbolizar a fé em Cristo que o batizado precisa manter acesa durante a vida. Cristo é a luz que ilumina nossa vida.

10 – Bênção da água

Ministro: Meus irmãos e minhas irmãs, sabemos que Deus quis servir-se da água para dar sua vida aos que creem. Unamos nossos corações, suplicando ao Senhor que derrame sua graça sobre os seus escolhidos. Olhai, ó Pai, a vossa Igreja e fazei brotar para ela a água do batismo. Que o Espírito Santo dê por esta água a graça de Cristo, a fim de que homem e mulher, criados à vossa imagem, sejam lavados da antiga culpa pelo batismo e renasçam pela água e pelo Espírito Santo para uma vida nova.

(O ministro toca na água com a mão direita ou mergulha o círio pascal).

Ministro: Nós vos pedimos, ó Pai por vosso Filho desça sobre esta água a força do Espírito Santo. E todos os que, pelo batismo, forem sepultados na morte com Cristo, ressuscitem com ele para a vida. Por Cristo, nosso Senhor.

Todos: Amém.

11 – Promessas do batismo

Ministro: Queridos pais e padrinhos, o amor de Deus vai infundir nestas crianças uma vida nova, nascida da água pelo poder do Espírito Santo. Se vocês estão dispostos a educá-las na fé, renovem agora suas promessas batismais.
Para viver na liberdade dos filhos de Deus, vocês renunciam ao pecado?

Pais e padrinhos: Renuncio.
Ministro: Para viver como irmãos e irmãs, vocês renunciam ao demônio, autor e princípio do pecado?

Pais e padrinhos: Renuncio.

Ministro: Vocês creem em Deus Pai todo-poderoso, criador do céu e da terra?

Pais e padrinhos: Creio.

Ministro: Vocês creem em Jesus Cristo, seu único filho, nosso Senhor, que nasceu da virgem Maria, padeceu e foi sepultado, ressuscitou dos mortos e subiu ao céu?

Pais e padrinhos: Creio.

Ministro: Vocês creem no Espírito Santo, na santa Igreja católica, na comunhão dos santos, na remissão dos pecados, na ressurreição dos mortos e na vida eterna?

Pais e padrinhos: Creio.

Ministro: Esta é a nossa fé, que da Igreja recebemos e sinceramente professamos, razão de nossa alegria em Cristo, nosso Senhor.

Todos: Demos graças a Deus.

12 – Batismo

(O ministro batiza cada criança, derramando água na fronte e dizendo):

Ministro: N. (nome), eu te batizo em nome do Pai, do Filho e do Espírito Santo.

13 – Unção pós – batismal

Ministro: Queridas crianças, que o Espírito Santo as consagre com este óleo, para que participem da missão de Cristo, sacerdote, profeta e rei. Agora que vocês fazem parte do povo de Deus, sigam os passos de Jesus e permaneçam nele para sempre.

Todos: Amém.

(O ministro unge, em silencio, a fronte de cada criança com o óleo do Crisma).

14 – Veste batismal

Ministro: Crianças, vocês nasceram de novo e se revestiram de Cristo; por isso trazem a veste batismal. Que seus pais e padrinhos as ajudem por sua palavra e exemplo a conservar a dignidade de filhos e filhas de Deus até a vida eterna.

Todos: Amém.

15 – Rito da luz
(O pai ou padrinho acende a vela no círio pascal).

Ministro: Queridas crianças, vocês foram iluminadas por Cristo para se tornarem luz do mundo. Com a ajuda de seus pais e padrinhos, caminhem como filhos e filhas da luz.
Todos: Amém.

Rito final

Comentarista: Irmãos e irmãs, chegamos ao fim da celebração batismal destas crianças. Agora elas fazem parte da comunidade eclesial. O batismo não é o ponto final, mas o começo de uma vida nova. A responsabilidade dos pais e padrinhos é grande, pois não basta apenas batizar. É preciso dar condições para que os neobatizados possam viver seus compromissos batismais. A comunidade toda deve estar conscientizada disso. Vários filhos lhes foram dados e é nela que eles precisam encontrar abrigo e proteção. É nela que eles terão o alimento de sua fé e de sua esperança, a força para lutar, a certeza se serem amados e a alegria de serem perdoados.

16 – Oração do Senhor

Ministro: Estas crianças que foram batizadas são chamadas, em Cristo, a viver plenamente como filhos e filhas de Deus Pai. Por isso, elas precisam também ser fortalecidas pelo Espírito Santo no sacramento da confirmação e alimentadas na ceia do Senhor. Agora, ao redor desta mesa, unidos no Espírito, rezemos.

Todos: (Pai nosso, que estais nos céus...).

17 – Benção Final

Benção às mães (o ministro estende a mão direita).

Ministro: Ó Deus de amor, abençoai as mães destas crianças, para que sejam felizes vendo seus filhos crescerem em idade, sabedoria e graça em Cristo Jesus, nosso Senhor.

Todos: Amém.

Benção dos pais

Ministro: Ó Deus de amor, abençoai os pais destas crianças, a fim de que, unidos às esposas, tenham a alegria de oferecer condições de vida digna para seus filhos e o incentivo da fé, em Cristo Jesus, nosso Senhor.

Todos: Amém.

Benção dos padrinhos e madrinhas.

Ministro: Ó Deus da vida, abençoai os padrinhos e as madrinhas destas crianças, para que sejam membros vivos do vosso povo, e concedei-lhes sempre a vossa paz, em Cristo Jesus, nosso Senhor.

Todos: Amém.

Benção a todos.

Ministro: Desça sobre todos nós aqui reunidos a benção do Deus rico em misericórdia: Pai, Filho e Espírito Santo.

Todos: Amém.
(Se for de costume realiza-se um ato de devoção a Maria).
Ministro: Neste dia, em que estas crianças entram na Igreja pelo batismo, vamos confiá-las à especial proteção de Maria, mãe de Deus e dos discípulos de Jesus. Maria, mãe de Jesus, companheira de nossa caminhada, sempre fiel ao projeto do Pai, avós confiamos estas crianças. Conduzidas pelo Espírito, sejam fiéis ao evangelho, cresçam em sabedoria, idade e graça na Igreja e diante de Deus.

Todos: Amém.

Pode-se rezar uma Ave-Maria.

Ministro: Que o batismo destas crianças renove o nosso compromisso cristão. Vamos em paz e o Senhor nos acompanhe.

Todos: Graças a Deus.

3. Celebração de Bodas

Preparar o ambiente de forma adequada, com símbolos que representem a união matrimonial (cruz, alianças, flores, pão, número...)

Rito Inicial

1 – Motivação
Comentarista: Nossa comunidade se reúne neste momento para louvar e agradecer a Deus pelos (10-25-50-60) anos de união matrimonial de NN. (nome do casal). Todos somos bem-vindos e queremos participar com alegria desta celebração. Desejamos nos unir na alegria e na felicidade deste casal e agradecer a Deus pelos anos de união matrimonial. Certamente que este casal teve dificuldades ao longo destes anos de casados, mas o amor foi mais forte e, por isso, soube enfrentar e superar os obstáculos que surgiram. Todos de pé para o canto de entrada.

2 – Canto
3 – Acolhida
Ministro: Irmãos e irmãs, iniciemos com alegria e fé esta celebração de bodas do casal NN. (nomes). Em nome do Pai, do Filho e do Espírito santo.
Todos: Amém.

Ministro: A graça e a paz de Deus, nosso Pai, o amor de Cristo, nosso salvador, e a comunhão e a alegria do Espírito Santo estejam sempre conosco.

Todos: Bendito seja Deus que nos reuniu no amor de Cristo para celebrar o amor que uniu em matrimonio este casal.

4 – Ato penitencial

Ministro: O mesmo amor de Deus que nos reúne neste momento uniu este casal a (10-25-50-60) anos e o mantém unido até hoje. Deus acompanhou este casal juntamente com sua família ao longo destes anos. Ao celebrar o jubileu matrimonial, lembramos a vocação ao matrimonio, tão importante na vida da Igreja, dos casais que vivem o amor, a fidelidade e a alegria. Neste momento, queremos nos penitenciar e pedir perdão a Deus pelas vezes que não correspondemos ao amor que ele tem para conosco.

Casal jubilando: Senhor, perdão por todas as vezes que não vivemos o amor, a compreensão e o diálogo entre nós e com nossos filhos. Tende piedade de nós.
Todos: Senhor tende piedade de nós.

Filho do casal: Cristo, perdão por todas as vezes que não respeitamos o amor de Deus Pai expresso na vontade de nossos pais. Tende piedade de nós.

Todos: Cristo tende piedade de nós.
Parente: Senhor, perdão pelas vezes que não demos testemunho da alegria e da paz em nossas famílias. Tende piedade de nós.

Todos: Senhor tende piedade de nós.

Ministro: Deus, Pai misericordioso, tenha compaixão de nós, perdoe nossos pecados, prepare-nos para a celebração e um dia nos encaminhe para a vida eterna.
Todos: Amém!

5 – Oração

Ministro: Ó Deus, que unistes este casal NN. (nomes) pelo laço indissolúvel do matrimonio e conservastes os seus corações unidos nas dificuldades e nas alegrias, aumentai e purificai seu amor, para que continue unido na alegria e felicidade juntamente com os filhos. Por nosso Senhor Jesus Cristo, vosso Filho, na unidade do Espírito Santo.

Todos: Amém.

Rito da Palavra

6 - 1ª Leitura (Efésios 5,2.25-28; 6,1-4)
7 - Salmo Responsorial (34/33)
8 – Canto de aclamação
9 – Evangelho – João 15,9-12

Ministro: Proclamação do evangelho de Jesus Cristo segundo João.

10 – Pistas para reflexão

1. O amor entre os esposos não tem limites, assim como não teve limites o amor de Jesus para com a humanidade, a ponto de entregar sua vida.

2. Dignidade e valor do matrimonio. Numa época em que tudo é relativo e descartável, o matrimonio está aí para mostrar que certos valores são perenes.

3. A íntima comunhão de vida e de amor, pela qual os cônjuges "já não são dois, mas uma só carne", foi estabelecida por Deus.

Rito sacramental

Comentarista: Agora o casal NN. (nomes) vai renovar o juramento que fez há (10-25-50-60) anos. Foi uma caminhada repleta de momentos significativos, sempre acompanhada pela proteção divina. Este casal se dispõe a renovar os compromissos de amor e de fidelidade eternos. Serão abençoadas as alianças que continuarão a ser sinal da aliança de Deus com a humanidade e compromisso de fidelidade para o casal.

11 – Renovação Matrimonial

Ministro: Neste aniversário de (10-25-50-60) anos, recordando o dia feliz em que unistes a vossa vida com o vínculo indissolúvel do sacramento do matrimonio, quereis renovar agora diante de Deus aquele santo compromisso. Para que este propósito seja reafirmado pela graça divina, elevai ao Senhor a vossa prece.

Esposo: Bendito sois, Senhor, porque, por vossa graça, recebi N. (nome da esposa) por minha esposa.

Esposa: Bendito sois, Senhor, porque, por vossa graça, recebi N. (nome do esposo) por meu esposo.

Casal: Bendito sois, Senhor, porque, na alegria e na tristeza, sempre contamos com a vossa presença. Nós vos pedimos, continuai ajudando-nos a conservar fielmente o nosso amor, para sermos dignas testemunhas da aliança que fizestes com a humanidade.

Ministro: O Senhor vos guarde durante todos os dias da vossa vida. Nas aflições, seja o vosso consolo. Na prosperidade, a vossa assistência. E conserve o vosso lar na abundancia de suas bênçãos. Por Cristo, nosso Senhor.

Todos: Amém.

12 – Benção das alianças

Ministro: Senhor, abençoai e santificai o amor destes vossos filhos. Derramai vossa benção sobre estas alianças e lhes sejam um sinal perene de sua fidelidade, recordando-lhes sempre a mútua afeição e a graça do sacramento. Por Cristo, nosso Senhor.

Todos: Amém.
O ministro asperge as alianças com água (benta).

Marido: N. (nome da esposa) recebe novamente esta aliança em sinal do meu amor e da minha fidelidade. Em nome do Pai, do Filho e do Espírito Santo.

Esposa: N. (nome do esposo) recebe novamente esta aliança em sinal do meu amor e da minha fidelidade. Em nome do Pai, do Filho e do Espírito Santo.
O ministro (e os filhos) estende as mãos sobre o casal enquanto invoca a benção:

Ministro: Nós vos louvamos e bendizemos, Deus criador de todas as coisas, que no princípio criastes o homem e a mulher para constituírem uma sociedade de vida e amor; e também vos agradecemos, Senhor, porque vos dignastes abençoar o casamento dos vossos filhos NN. (nome do casal), para ser agora, com bondade para eles, e, como lhes preservastes a união em meio a alegrias e tristezas, assim renovai neles sempre a aliança nupcial, aumentando a caridade e reforçando os laços da paz, a fim de merecerem receber sempre a vossa benção (na companhia dos filhos que os rodeiam). Por Cristo, nosso Senhor.

Todos: Amém.

13 – Preces

Ministro: Irmãos e irmãs, invoquemos a misericórdia de Deus Pai todo-poderoso, que, com a sua providencia e sabedoria, quis simbolizar a história da salvação no amor e na fidelidade conjugal.

1. Pai santo, que tendes o nome de fiel, que exigis, mas recompensais a observância da aliança, dignai-vos cumular de bênçãos estes vossos filhos NN. (nome do casal), que celebram as bodas de (10-25-50-60) anos de casamento.

Todos: renovai, Senhor, o amor de vossos filhos e filhas.

2. Pai santo, que com o Filho e o Espírito Santo viveis, desde toda a eternidade, em perfeita unidade e comunhão de amor, fazei que estes vossos filhos se lembrem de cumprir por toda a vida a aliança de amor que firmaram pelo casamento.
R.

3. Pai santo, que em vossa providencia encaminhais as experiências da vida humana, de modo a levardes os fiéis à participação do mistério de Cristo, fazei que estes vossos filhos, recebendo com serenidade os bons e os maus momentos da vida, se esforcem para estar sempre com Cristo e viver só para ele.
R.

4. Pai Santo, que quisestes fazer da união conjugal um ensinamento de vida cristã, fazei que todos os casados se transformem em testemunhas do mistério de amor do vosso Filho no mundo.
R.

5. Pai santo, que os jovens possam ver no casamento a realização do vosso amor, a construção de vosso mundo baseado na paz e na justiça, a transformação da sociedade.
R.
(Outras preces da comunidade, espontâneas ou preparadas pela equipe de liturgia).

Ministro: Ó Deus, em cuja providência a sociedade familiar tem seu fundamento firme, atendei, misericordioso, às preces dos vossos servos e fazei que, seguido o exemplo da sagrada família, celebrem sem fim os vossos louvores na alegria de vossa casa. Por Cristo, nosso Senhor.

Todos: Amém.
(Neste momento, pode haver um canto de louvor e ação de graças, agradecendo a Deus a vida matrimonial).

14 – Pai Nosso
Ministro: Rezemos a oração da família de Deus, com as palavras que Jesus mesmo nos ensinou:

Ministro: Rezemos pedindo a Deus o dom da paz principalmente para este casal aniversariante e para nossas famílias.

Todos: Senhor Jesus Cristo, dissestes aos vossos apóstolos...
15 – Quando houver comunhão
(O ministro coloca a eucaristia sobre o altar e convida a assembleia para rezar)

Ministro: Rezemos preparando-nos para receber a eucaristia.

Todos: Senhor Jesus Cristo, o vosso corpo que vamos receber não se torne causa de juízo e condenação, mas, por vossa bondade, seja sustento e remédio para nossas vidas.

Ministro: Senhor todo-poderoso, criastes todas as coisas e nos destes alimentos que nos sustentam, concedei-nos crescer na vida espiritual pelo pão da vida que vamos receber. Felizes os convidados para a ceia do Senhor. Eis o cordeiro de Deus que tira o pecado do mundo.

Todos: Senhor, eu não sou digno de que entreis em minha morada, mas dizei uma palavra e serei salvo.

Rito final

Comentarista: Esta celebração que estamos concluindo deve ter incentivado todos nós a ver o matrimonio com seriedade e responsabilidade. Deve também ter animado todos os casais que passam por dificuldades de convivência a ver que é possível superar isso desde que saibam colocar como centro e fundamento de sua união o amor, o diálogo, o perdão, a compreensão, a acolhida...

16 – Oração de agradecimento

Todos: Senhor Jesus, Deus de amor. Quisestes que nos amássemos e vivêssemos unidos, sendo assim sinais de vossa presença no mundo. Eis que vos tornastes nosso alimento, nossa força e nossa vida. Queremos viver sempre juntos nas dificuldades, nas alegrias e nas tristezas. Assim seremos a oferta que vos agrada. Daí - nos sermos fiéis em nossas vidas, tendo amor uns para com os outros. Abençoai o amor dos esposos e fazei que na unidade e na caridade possamos difundir o vosso amor. Que jamais nos esqueçamos de proclamar vossas maravilhas, vossa bondade e vossa misericórdia infinita. Amém.

17 – Benção final

Ministro: Que Deus Pai todo poderoso nos conceda a sua alegria.

Todos: Amém.

Ministro: O Filho unigênito de Deus, com sua misericórdia, esteja ao nosso lado na alegria e na tristeza.

Todos: Amém

Ministro: E a todos nós, aqui reunidos, abençoe-nos Deus todo-poderoso, Pai, Filho e Espírito Santo.

Todos: Amém.

4. Hora santa I (Adoração ao Santíssimo)

Rito Inicial

1 – Motivação

Comentarista: Jesus eucarístico nos reúne para este momento de oração e de adoração. É um momento de fé e de união entre nós, e com Cristo presente na eucaristia. Sintamo-nos todos bem-vindos e bem-acolhidos aqui diante do Santíssimo Sacramento. Deus nos ama e é por isso que ele se faz presente no pão eucarístico: para nos alimentar em nossa vida de fé e de compromisso com uma sociedade mais solidária e fraterna. É porque Deus nos ama que também nos reúne para este momento de oração. Ele nos reúne entre nós e nos une a ele.

2 – Canto
3 – Acolhida

Ministro: Irmãos e irmãs, vamos adorar nosso Deus e Senhor, presente no Santíssimo Sacramento. Estamos reunidos em nome do Pai, do Filho e do Espírito Santo.

Todos: Amém
(Se o Santíssimo Sacramento ainda não estiver exposto, o ministro pode expô-lo neste momento).
Ministro: Graças e louvores sejam dados a todo o momento. (3 vezes)

Todos: ao Santíssimo e Diviníssimo Sacramento.

Ministro: Vamos passar alguns momentos em oração diante de Cristo presente no pão consagrado. São momentos de silencio, de escuta da palavra de Deus, de cantos, de reflexão, de louvor... Queremos descobrir sempre mais o significado da eucaristia para nossas vidas.
(Pode haver breve momento de silencio. Logo depois poderá haver motivação ou intenções espontâneas).

4 – Oração

Todos: Senhor Jesus, cremos que estais presente no pão consagrado em nossos altares. Nós vos adoramos com os anjos e santos e com todos os nossos irmãos e irmãs na fé. Obrigado porque nos deixastes vosso corpo e vosso sangue para nosso alimento. Fazei que jamais nos afastemos de vós, que sois o caminho que nos conduz ao Pai, a vida que nos faz filhos e filhas

de Deus e a verdade que nos liberta. Senhor Jesus, permanecei sempre conosco; fortalecei nossa fé; alimentai nossa esperança e fazei que vos amemos cada vez mais, bem como a nossos irmãos e irmãs.
Amém.

Rito da Palavra
Comentarista: Assim como a eucaristia, a palavra de Deus também é alimento para a nossa vida. Ela nos mostra a vontade de Deus a respeito de cada um de nós: como devemos viver para agradar a Deus e às pessoas. Devemos estar sempre bem abertos para acolhê-la com alegria e disposição. O nosso coração é o terreno onde Deus quer semear sua palavra. É preciso que este terreno esteja bem preparado para que ela possa produzir muitos e bons frutos.

(As leituras podem ser as mesmas da liturgia do dia ou as que seguem).

5 – Leituras – 1Corintios 11,23-29

Leitor: Leitura da primeira carta de Paulo aos Coríntios
Porque eu recebi do Senhor o que também vos entreguei: que o Senhor Jesus, na noite em que foi traído, tomou o pão; e, tendo dado graças, o partiu e disse: Isto é o meu corpo, que é dado por vós; fazei isto em memória de mim. Por semelhante modo, depois de haver ceado, tomou também o cálice, dizendo: Este cálice é a nova aliança no meu sangue; fazei isto, todas as vezes que o beberdes, em memória de mim. Porque, todas as vezes que comerdes este pão e beberdes o cálice, anunciais a morte do Senhor, até que ele venha. Por isso, aquele que comer o pão ou beber o cálice do Senhor, indignamente, será réu do corpo e do sangue do Senhor. Examine-se, pois, o homem a si mesmo, e, assim, coma do pão, e beba do cálice; pois quem come e bebe

sem discernir o corpo, come e bebe a própria condenação. – Palavra do Senhor.

Todos: Graças a Deus.

6 – Canto de Aclamação
7 – Evangelho – João 6,48-58

Ministro: Proclamação do Evangelho de Jesus Cristo segundo João – Jesus dizia no seu tempo e repete para nós hoje:

Eu sou o pão da vida. Vossos pais comeram o maná no deserto e morreram.
Este é o pão que desce do céu, para que todo o que dele comer não pereça.
Eu sou o pão vivo que desceu do céu; se alguém dele comer, viverá eternamente; e o pão que eu darei pela vida do mundo é a minha carne. Disputavam, pois, os judeus entre si, dizendo: Como pode este dar-nos a comer a sua própria carne?
Respondeu-lhes Jesus: Em verdade, em verdade vos digo: se não comerdes a carne do Filho do Homem e não beberdes o seu sangue, não tendes vida em vós mesmos.
Quem comer a minha carne e beber o meu sangue tem a vida eterna, e eu o ressuscitarei no último dia. Pois a minha carne é verdadeira comida, e o meu sangue é verdadeira bebida. Quem comer a minha carne e beber o meu sangue permanece em mim, e eu, nele. Assim como o Pai, que vive, me enviou, e igualmente eu vivo pelo Pai, também quem de mim se alimenta por mim viverá. Este é o pão que desceu do céu, em nada semelhante àquele que os vossos pais comeram e, contudo, morreram; quem comer este pão viverá eternamente. – Palavra da salvação.

Todos: Gloria a vós, Senhor.

(O ministro desenvolve brevemente os seguintes pontos ou partilha a reflexão com a assembleia).

1. A eucaristia nos lembra a presença de Cristo entre nós. Jesus escolheu essa forma para permanecer constantemente com seu povo. Isso demonstra o grande amor de Jesus por todos nós.

2. a eucaristia nos lembra também a missa. É no momento da missa que Deus se torna presente na hóstia consagrada. Portanto, nós temos o compromisso também com a missa da comunidade. A missa é o momento forte da comunidade.

3. Cristo quer nos alimentar com seu corpo e seu sangue. O alimento eucarístico nos lembra também outro alimento que Deus quer para todos: o alimento material para todas as pessoas. A eucaristia nos ensina a partilhar.

9 – Canto

Momento de oração e louvor

10 – Profissão de fé

Ministro: Estamos louvando Cristo presente na eucaristia. Estamos refletindo sobre o significado e a importância da eucaristia em nossa vida. Vamos, agora, manifestar nossa fé no Deus que se encarnou em Jesus e que se faz presente no pão eucarístico.

1. Cremos que Cristo é nosso caminho, verdade e vida e que ele está realmente presente no pão e no vinho consagrados.

Todos: Cremos, Senhor, mas aumentai nossa fé e renovai nosso amor.

2. Cremos que Jesus é o Filho de Deus Pai e nosso irmão, e que o caminho para estarmos com Cristo é a justiça e a fraternidade.
R.

3. Cremos que, para comungar a hóstia consagrada, devemos estar em comunhão de vida com os irmãos, e que quem comunga deve lutar pela construção de uma nova sociedade.
R.

4. Cremos que nossa fé se renova pela palavra de Deus, pela participação nas celebrações da comunidade, e que é a força de Jesus que sustenta os que lutam por justiça e fraternidade.
R.

5. Cremos que é a força do Espírito Santo que sustenta e anima as pessoas a organizarem e formarem comunidades de fé.
R.
(Outras manifestações de fé espontâneas da comunidade).

11. Preces

Ministro: Diante de Cristo eucarístico coloquemos os nossos pedidos e agradecimentos.

1. Para que o sacrifício eucarístico nos anime a seguir os ensinamentos de Jesus e, assim, transformamos o mundo, rezemos.

Todos: Senhor, fortalecei-nos em nossa fé.

2. Que Cristo que se tornou alimento para todos possa ser esperança de uma sociedade em que não falte pão para os mais pobres, rezemos.

3. Que alimentados e fortalecidos com o verdadeiro alimento que é Jesus, possamos dar testemunho do seu amor por toda humanidade, rezemos.

4. Para que nossa comunidade se deixe iluminar pelo poder de Cristo que se faz pão e que alimenta de todas as fomes, rezemos.

5. para que a nossa caminhada de comunidade seja fortalecida pelo exemplo de Cristo, que se entrega como pão e que nos resgata do pecado, rezemos.
(Pode haver outras preces espontâneas da comunidade).

12 – Pedido de perdão

Ministro: É importante que também manifestemos nosso arrependimento, e peçamos perdão a Deus, por tudo o que nos afasta dele e das pessoas. Somos fracos e necessitamos do perdão e da misericórdia de Deus nosso Pai.

1. Porque muitas vezes nos aproximamos da comunhão eucarística indignamente. Perdão, Senhor.

Todos: Perdoai-nos, Senhor, e renovai nosso amor.

2. Porque nem sempre valorizamos e participamos da missa. Perdão, Senhor. – R.

3. Porque não vivemos a união que celebramos na missa. Perdão, Senhor. – R.

4. Porque não vivemos a justiça e o amor que nos ensinastes. Perdão, Senhor. – R.

5. Porque rezamos pouco em nossas famílias. Perdão, Senhor. – R.
(Outros pedidos espontâneos de perdão).

13 – Bendito seja Deus
O ministro motiva a oração.

Bendito seja Deus.
Bendito seja seu santo nome.
Bendito seja Jesus Cristo, verdadeiro Deus e verdadeiro homem.
Bendito seja o nome de Jesus.
Bendito seja o seu sacratíssimo coração.
Bendito seja o seu preciosismo sangue.
Bendito seja Jesus no santíssimo Sacramento do altar.
Bendito seja o Espírito Santo paráclito.
Bendita seja a grande mãe de Deus, Maria santíssima.
Bendita seja a sua santa e imaculada conceição.
Bendita seja a sua gloriosa assunção.
Bendito seja o nome d Maria, virgem e mãe.
Bendito seja são José, seu casticismo esposo.
Bendito seja Deus nos seus anjos e nos seus santos.

14 – Pai-Nosso

Ministro: O Senhor nos comunicou seu Espírito. Com a confiança e a liberdade de filhos e filhas, dignamos juntos como Jesus nos ensinou:

Todos: Pai nosso...
(Conforme a ocasião pode haver distribuição da eucaristia. O ministro motiva a comunidade e a convida para receber a eucaristia. Durante a comunhão, pode-se entoar um canto apropriado).

15 – Oração: Obrigado, Senhor, por este momento de oração e louvor. Com esta oração, fortalecemos nossa fé e nosso compromisso com o vosso reino. A eucaristia nos une a Jesus e nos ensina a partilha e a solidariedade. Que a eucaristia não nos deixe conformar com a situação de fome de tantas famílias e nos mostre o caminho da fraternidade. Por Cristo, nosso Senhor.

Todos: Amém.

16 – Benção final
(O ministro pode erguer a hóstia enquanto invoca a benção final).

Ministro: O Senhor nos abençoe e nos guarde.
Todos: Amém.
Ministro: O Senhor faça brilhar sobre nós sua face e nos seja favorável.
Todos: Amém.
Ministro: O Senhor dirija para nós o seu rosto e nos dê a paz.
Todos: Amém
Ministro: Em nome do Pai, do Filho e do Espírito Santo.
Todos: Amém.
Ministro: Louvado seja nosso Senhor Jesus Cristo.
Todos: Para sempre seja louvado.

17 – Canto final.

4.1. Hora santa II *(Visita a Jesus Sacramentado)*

Em Nome do Pai, do Filho e do Espírito Santo. Amém (Cantado)

Dir.: Esta Hora Santa será feita de oração de louvor, de entrega, de abandono, cânticos para que esse Deus seja louvado, adorado e exaltado, e, silêncio para que escutemos o que Deus
tem para nos falar e para que nós digamos a Ele o que está no nosso coração.
Queremos hoje louvar-vos e adorar-vos porque tu és o nosso Deus, o único Deus e somos teus filhos. Queremos estar em contato, em harmonia, em diálogo, louvando e agradecendo pelo seu amor que nos salvou.
Adoremos o Senhor em espírito e verdade, entreguemos em vossas mãos o que somos e o que faremos.
Todos: Eu vos adoro, meu Deus e vos amo de todo o coração. Agradeço-vos por me terdes criado, feito cristão e ofereço-vos as minhas ações e fazei que sejam todas, segundo vossa santa vontade, para a maior glória vossa.

Dir.: Oração
Senhor, dá-nos a sabedoria que julga do alto e vê longe. Dá-nos o espírito que omite o insignificante em favor do essencial. Ensina-nos a serenar-nos diante da luta e dos obstáculos e a prosseguir na fé, sem agitação, o caminho traçado por Ti. Dá-nos uma atividade serena que abrace a totalidade com uma visão unitária. Ajuda-nos a aceitar a crítica e a contradição. Faze que saibamos evitar a desordem e a dispersão. Que amemos todas as coisas juntamente contigo Ó Deus, fonte do ser, une-nos a Ti e a tudo que converge para a alegria e a eternidade. **Amém.**
SILÊNCIO (5 min.). Canto.

Ato Penitencial: Nesse momento vamos refletir sobre as nossas atitudes para com Deus e com o próximo e também as nossas omissões.
SILÊNCIO (5 MIN.) CANTO: - Renova-me, Senhor

Todos: Palavra e Fogo: Pai, fonte de luz e calor, envia-nos tua palavra viva, e faze que a aceitemos sem medo e aceitemos ser abrasados por ela. Venha tua palavra, Senhor e, uma vez acendido em nossos corações teu fogo inextinguível, nós mesmos seremos portadores desse fogo uns para os outros. Transforma-nos, Senhor, em palavras quentes e luminosas, capazes de incendiar o mundo, para que cada homem possa sentir-se cercado pelas chamas infinitas de teu Amor. **Amém.**

Dir.: Leitura da Palavra de Deus: Jô 15,l-9
Todos: Quero hoje, Senhor, renovar a minha esperança, a coragem de viver e a alegria de servir.

SILÊNCIO PARA REFLEXÃO DA PALAVRA DE DEUS

Todos: Eu espero meu Deus, com firme confiança, que, pelos merecimentos de meu Senhor Jesus Cristo, me dareis a salvação eterna e as graças necessárias para consegui-la, porque vós sois sumamente bom e poderoso.

Oração: Os que creem
Felizes os que não te viram e creram em Ti.
Felizes os que não contemplaram teu semblante e confessaram tua divindade
Felizes os que lendo o evangelho, reconheceram em Ti Aquele a quem esperavam
Felizes os que, no segredo de seus corações, escutaram tua voz e responderam.

Felizes os que, animados pelo desejo de tocar Deus, encontraram-Te no mistério.
Felizes os que no momento de escuridão, aderiram mais fortemente a tua luz.
Felizes os que desconcertados pela provação mantêm sua confiança em Ti.
Felizes os que. tendo a impressão de que estás ausente, continuam a crer em tua proximidade.
Felizes os que não te viram, mas vivem a firme esperança de te ver um dia. **Amem.** CANTO

Dir.: Leitura da Palavra de Deus: Lc 1, 26-38
SILÊNCIO (5 min.)

Todos: Oração Para Servir:
Ó Cristo, para poder servir-te melhor, dá-me um coração generoso Um grande coração para minha vida, que opte por aquilo que me leva para cima e não pelo que me desvia para baixo. Grande em meu trabalho: vendo nele não uma imposição, mas a missão que me confias. Grande no sofrimento: verdadeiro soldado de minha cruz, verdadeiro Cireneu para a cruz dos outros. Grande no mundo: compreensivo com suas fragilidades, mas imune a suas máximas. Grande com os homens: leal para com todos, mas atento principalmente para com os pequenos e humildes. Um coração grande para comigo mesmo: nunca centrado em mim, sempre apoiado em Ti: principalmente um coração grande para contigo, o Meu Senhor, feliz de servir-te e servir a meus irmãos, todos os dias de minha vida. **Amem.** CANTO

Dir. : Quando Jesus se aproximava de Jericó, um cego estava à beira do caminho, pedindo esmolas. Ouvindo a multidão passar, ele perguntou o que estava acontecendo. Disseram-lhe que Jesus Nazareno passava por ali. Então o cego gritou.

Todos: Jesus, Filho de Davi, tem piedade de mim.
Dir.: As pessoas que iam à frente mandavam que ele ficasse quieto. Mas ele gritava mais ainda:

Todos: Filho de Davi tem piedade de mim!
Dir.: Jesus parou, e mandou que levassem o cego até ele. Quando o cego chegou perto, Jesus perguntou.
Leitor : O que quer que eu faça por você?
Dir: O cego respondeu:
Todos: Senhor, eu quero ver de novo.
Dir.: Jesus disse:
Leitor: Veja. A sua fé curou você.
Dir.: No mesmo instante, o cego começou a ver e seguia Jesus, glorificando a Deus. Vendo isso, todo o povo louvou a Deus.
Todos: A luz que venceu as trevas chegou para nos. E agora o nosso rosto brilha pelo esplendor de vossa luz. Senhor.
Dir.: Ao aproximar-se Jesus de Jerico, estava um cego sentado a beira do caminho, pedindo esmolas. Ouvindo-o passar, começou a gritar: "Jesus. Filho de Davi. tende compaixão de mim.
Todos: Senhor, também nós somos cegos, ficamos cegos pelo ódio e pelo racismo, pelas coisas vazias, pelo dinheiro gasto aos montes e pelo ócio. Somos cegos. Senhor, e não podemos ver o vosso sorriso e a vossa luz. E não nos aproximamos do vosso amor. Tende piedade de nós: fazei que os nossos olhos se abram.
CANTO:
SILÊNCIO (5 MIN.)

Dir : Então Jesus disse ao cego: "Vê!"...
Todos: Senhor eu vejo. Vejo com os vossos olhos, cheios de esperança ao homem. Vejo florescer o amor onde há ódio, vejo

nascer o sorriso onde há dor, percebo a vossa mão que acaricia as crianças famintas e as sacia. Senhor, com os vossos olhos vejo aquilo que o homem não vê e vejo além do que eles enxergam: um jardim onde hoje é deserto, a alegria onde hoje reina a morte.

Dir.: Então o cego seguiu Jesus, louvando a Deus...
SILÊNCIO (5 MIN.)
CANTO
Dir.: Olhando uma flor acariciada pelo sol
Todos: Nós vos louvamos, Senhor
Dir: Pela alegria e pelo sorriso,
Todos: Nós vos louvamos, Senhor!
Dir.: Pelo esplendor de vossa pureza,
Todos: Nós vos louvamos, Senhor!
Dir.: Entusiasmando-nos por tudo aquilo que é belo e bom,
Todos: Nós vos louvamos, Senhor!
Dir.: Alargando o nosso amor aos outros,
Todos: Nós vos louvamos, Senhor!
Dir.: Olhando o mundo com os vossos olhos,
Todos: Nós vos louvamos, Senhor!
CANTO -

Todos: Oração: A graça de respeitar-nos
Jesus Cristo, Senhor e irmão nosso, põe um cadeado na porta de nosso coração para não pensar mal de ninguém, não julgar precipitadamente, não sentir mal, para não supor, nem interpretar mal, para não invadir o santuário sagrado das intenções. Senhor Jesus, laço unificante de nossa fraternidade. Põe um selo de silêncio em nossa boca para fechar a passagem a toda murmuração ou comentário desfavorável, para guardar ciosamente até o túmulo as confidências que recebemos ou as irregularidades que observamos, sabendo que a primeira e mais concreta maneira de amar é guardar silêncio. Semeia em nossas entranhas fibras de delicadeza. Dá-nos um espírito de alta

cortesia para reverenciar-nos uns aos outros como o faríamos contigo mesmo. E dá-nos, ao mesmo tempo, a exata sabedoria para juntar convenientemente essa cortesia com a confiança fraterna. Senhor Jesus Cristo, dá-nos a graça de respeitar-nos. Assim seja.
SILÊNCIO

Oração Comunitária
Dir.: Senhor, peco-vos a graça de saber unir as mãos de meus irmãos e equilibrar com harmonia: trabalho, descanso, catequese, oração e vida
Todos: Senhor, atendei as nossas preces.
Dir: Senhor, que saibamos conduzir nossa vida com fé, amor, alegria e esperança, transformando cada dia num salmo de gratidão
Dir.: Senhor, ajuda-nos a fazer da nossa vida um altar do nosso trabalho, um gesto de redenção, da oração uma fortaleza
Dir: Senhor, um dos grandes sofrimentos do ser humano é sentir-se sozinho, inútil, abandonado. Faz, Senhor, que estejamos sempre atentos para acolher nosso irmão e sejamos para ele alento, amor.
Dir.: Senhor, fonte de vida, amor e santidade, ajuda-nos a trilhar sempre o caminho por vós indicado.
Dir.: Senhor, faz crescer em nós cada dia a fé, o amor ao próximo, e disponibilidade para te servir.
Dir.: Senhor, faz com que a nossa vida seja uma caminhada de fé, esperança e amizade com Deus e com os irmãos.
Dir: Senhor, que saibamos conduzir com amor a missão que Jesus nos confiou: "Vão pelo mundo afora anunciar a todos os povos".
CANTO

Todos: Oração de Abandono: Pai, em tuas mãos eu me entrego. Faze de mim o que quiseres. Por tudo que fizeres de mim, eu te agradeço. Estou disposto a tudo, aceito tudo, contanto que tua vontade seja feita em mim e em todas as tuas criaturas. Não desejo mais nada, meu Deus. Ponho minha alma em tuas mãos, entrego-a a Ti, meu Deus, com todo o ardor de meu coração porque te amo, e é para mim uma necessidade de amor dar-me, entregar-me, em tuas mãos, sem medida, com infinita confiança, porque Tu és meu Pai, **Amém.**

Bençāo final
(O ministro pode erguer a hóstia enquanto invoca a bençāo final).

Ministro: O Senhor nos abençoe e nos guarde.
Todos: Amém.
Ministro: O Senhor faça brilhar sobre nós sua face e nos seja favorável.
Todos: Amém.
Ministro: O Senhor dirija para nós o seu rosto e nos dê a paz.
Todos: Amém
Ministro: Em nome do Pai, do Filho e do Espírito Santo.
Todos: Amém.
Ministro: Louvado seja nosso Senhor Jesus Cristo.
Todos: Para sempre seja louvado.

Canto final.

5. Exéquias

1- Acolhida

2- Evangelho – João 14,1-6

Ministro: Naquele tempo, disse Jesus a seus discípulos: “Não fique perturbado o coração de vocês. Acreditem em Deus e acreditem também em mim. Existem muitas moradas na casa de meu Pai. Se não fosse assim, eu lhes teria dito, porque vou preparar um lugar para vocês. E quando eu for e lhes tiver preparado um lugar, voltarei e levarei vocês comigo, para que onde eu estiver, estejam vocês também. E para onde eu vou, vocês já conhecem o caminho”. Tomé disse a Jesus: “Senhor, nós não sabemos para onde vais; como podemos conhecer o caminho?” Jesus respondeu: “Eu sou o caminho, a verdade e a vida. Ninguém vai ao Pai senão por mim”. – **Palavra da Salvação.**

3- Reflexão

Após a leitura pode haver breve reflexão a partir do evangelho e da realidade da morte.

4- Preces

O ministro pode convidar para preces espontâneas ou preparadas por uma equipe.

5- Salmo de confiança (23/22)

R. **O Senhor é o meu pastor, ele me conduz por caminhos seguros.**

1. O Senhor é o meu pastor, nada me falta. Em verdes pastagens me faz repousar; para fontes tranquilas me conduz, e restaura minhas forças. Ele me guia por bons caminhos, por causa do seu nome. – R.

2. Embora eu caminhe por um vale tenebroso, nenhum mal temerei, pois junto a mim estás; teu bastão e teu cajado me deixam tranquilo. – R.
3. Diante de mim preparas a mesa, à frente dos meus opressores; unges minha cabeça com óleo, e minha taça transborda. – R.

6- Rito de encomendação

Ministro: Com fé e confiança recomendemos este nosso irmão **(nome do falecido)** ao Pai de misericórdia, acompanhando-o com nossas preces. Ele que recebeu no batismo a adoção dos filhos de Deus, seja agora convidado a participar nos céus, do convívio dos santos, e torne-se herdeiro das promessas eternas. Rezemos também por nós que hoje choramos, para que um dia, como nosso irmão, possamos ir ao encontro de Cristo, quando ele, nossa vida, aparecer na glória.

(Enquanto o ministro asperge o corpo, pode-se rezar o Pai-Nosso ou entoar um canto).
Ministro: Nas vossas mãos, Pai de misericórdia, entregamos a alma do nosso irmão (nome do falecido), na firme esperança de que ele ressurgirá com Cristo no último dia, como todos os que no Cristo adormeceram. Escutai na vossa misericórdia as nossas preces: abri para ele as portas do paraíso, e a nós que ficamos concedei que nos consolemos uns aos outros com as palavras da fé, até o dia em que nos encontraremos todos no Cristo e assim estaremos sempre convosco. Por Cristo, nosso Senhor.
Todos: Amém.

Ministro: Dai-lhe, Senhor, o descanso eterno (3 vezes).
Todos: E a luz perpétua o ilumine.

7 – Oração da esperança

Ministro: Senhor Jesus que dissestes: "Tende confiança, eu venci o mundo", dai-nos compreender que é neste mundo que preparamos a vida eterna. A nós que somos incrédulos, dai-nos mais fé na vida que brota após a morte, que possamos compreender que a vida não termina com a morte. Que todos exclamemos, como Jó: "Creio que meu redentor vive e que no último dia ressurgirei da terra, e serei novamente revestido da minha pele e na minha própria carne verei a Deus". Que seja esta a esperança depositada em nossos corações.

8 – Benção final

Ministro: Deus nos conceda o perdão dos pecados, e a todos os que morreram a paz e a luz eterna. Todos: Amém.
Ministro: E a todos nós, crendo que Cristo ressuscitou dentre os mortos, vivamos eternamente com ele. Todos: Amém.

Ministro: Abençoe-nos Deus todo-poderoso, Pai, Filho e Espírito Santo.

Ministro: A certeza da ressurreição seja nossa força e nossa alegria. Vamos em paz e o Senhor nos acompanhe. Todos: Graças a Deus.
(Pode-se cantar um canto final).

9 – Benção à sepultura

Ministro: Senhor Jesus Cristo, permanecendo três dias no sepulcro, sacrificastes os túmulos dos vossos fiéis, para que, recebendo nossos corpos, fizessem crescer a esperança de nossa ressurreição. Que (nome do falecido) descanse em paz neste sepulcro até que vós, ressurreição e vida, o ressusciteis para

contemplar a luz eterna na visão de vossa face. Por Cristo, nosso Senhor.
Todos: Amém.
(O ministro asperge o túmulo com água benta. Pode haver um canto).

6. Bênçãos

6.1. Benção do casal

1 – Acolhida
Esta benção pode ser realizada na comunidade, dentro de alguma celebração ou na família. O ministro ou o próprio casal da às boas-vindas a todos os presentes e inicia com o Sinal da Cruz. Esta benção se presta principalmente por ocasião do aniversário de casamento.

2 – Motivação
Ministro: Jesus marcou presença num casamento em Cana da Galileia. Isso é muito significativo, pois, com sua presença, Jesus quis mostrar o apoio e a aprovação do sacramento do matrimonio. O matrimonio é o sacramento da aliança de Deus com os casais e com toda a sua Igreja. A aliança que marido e mulher assumem juntos é compromisso mútuo. Mediante o matrimonio, Deus quer manifestar seu amor e sua presença no mundo. Deus quer abençoar os casais para que vivam unidos no amor, na alegria e na felicidade. Vamos, juntos, dar graças a Deus por todos os bens que ele concede a este e a todos os casais. Que o Senhor conserve os casais unidos para que sejam cada vez mais um só coração e uma só alma.

3 – Palavra de Deus – João 2,1-12

4 – Benção das alianças

Ministro: Abençoai, Senhor, estas alianças que em vosso nome abençoamos, para que aqueles que irão usá-las, mantendo plena fidelidade um ao outro, permaneçam na paz e na vossa vontade, e vivam sempre unidos pelo amor mútuo. Por Cristo, nosso Senhor.

Todos: Amém.
(O ministro asperge as alianças. Os cônjuges podem também repetir a fórmula da entrega mútua das alianças:... ***recebe novamente esta aliança em sinal do meu amor e da minha fidelidade).***

5 – Oração
(O ministro pode estender as mãos sobre o casal enquanto reza a oração da benção).

Ministro: Nós vos louvamos e bendizemos Deus criador de todas as coisas, que no princípio criastes o homem e a mulher para construírem uma sociedade de vida e amor. Também vos agradecemos Senhor, porque vos dignastes abençoar o casamento dos vossos filhos (nomes), para ser uma imagem da união de Cristo com a Igreja. Olhai, agora, com bondade para eles e, como lhes preservastes a união em meio a alegrias e dificuldades, assim, renovai neles sempre a aliança nupcial, aumentando sempre o amor e reforçando os laços da paz, a fim de merecerem receber sempre a vossa benção e a felicidade da vida plena em vosso reino. Por Cristo, nosso Senhor.

Todos: amém.
(Pode-se rezar um Pai-Nosso, uma Ave-Maria e um Glória ao Pai e concluir com a benção a todos).

6 – Despedida

Ministro: O Deus da aliança e do amor habite sempre na vida deste casal e dê a ele muita paz e união.

Todos: amém.

Ministro: A todos nós, Deus nos abençoe e nos acompanhe, ele que é Pai, Filho e Espírito Santo.

Todos: Amém.

Ministro: Louvado seja nosso Senhor Jesus Cristo.

Todos: para sempre seja louvado.

6.2. Benção de crianças

(O ministro estende as mãos sobre a criança enquanto reza a oração da benção).

Senhor, nosso Deus, que da boca das crianças preparastes um louvor do vosso nome, olhai para estas crianças que a fé da Igreja recomenda à vossa piedade; e, assim como o vosso Filho, nascido da virgem, recebia com amor as crianças, abraçando-as e abençoando-as, e propôs o exemplo delas à imitação de todos, assim, ó Pai, derramai sobre elas a vossa benção, a fim de que, quando crescerem através de uma boa convivência com as pessoas e com a cooperação da força do Espírito Santo, se tornem testemunhas de Cristo no mundo e saibam espalhar e defender a fé. Por Cristo, nosso Senhor.

Todos: Amém.

(O ministro pode aspergir as crianças com água (benta). Enquanto isso, pode-se rezar um Pai-Nosso, uma Ave-Maria ou cantar breve refrão).

6.3. Benção de Gestante

(O ministro pode estender as mãos sobre a gestante, enquanto reza a oração da benção).

Ministro: Senhor Deus, criador do gênero humano, cujo Filho, por obra e poder do Espírito Santo, dignou-se nascer da virgem Maria para remir e salvar os homens pela expiação da dívida da antiga culpa. Recebei propício as súplicas que esta vossa filha vos dirige pela saúde da criança, que há de nascer e concedei que ela dê à luz tranquilamente o filho, desde já destinado a ser um dos vossos fiéis, servindo-vos em todas as coisas para merecer a vida eterna. Derramai a vossa benção sobre esta mãe e seu filho que ela carrega em seu ventre e atendei-os no momento do parto. Por Cristo, nosso Senhor.

Todos: Amém

(O ministro pode aspergir as crianças com água (benta). Enquanto isso, pode-se rezar um Pai-Nosso, uma Ave-Maria ou cantar breve refrão).

6.4. Benção dos Pais (e/ou mães)

(O ministro pode estender as mãos sobre os Pais, enquanto reza a oração da benção).

Ministro: Nós vos louvamos, ó Deus Pai e Mãe, pelo dom concedido ao homem e a mulher de serem geradores da vida que é o maior dom que recebemos de vós. Abençoai as mães e os pais aqui presentes. Que eles descubram vosso amor no amor dedicado aos filhos. Que pai e mãe sejam sempre carinhosos, alegres, mesmo nas dificuldades, pacientes nas horas de aborrecimentos e firmes quando for preciso. Que possam encontrar em vós, Deus Pai e Mãe, a felicidade de servir com a mor e a alegria de defender e promover a vida em todas as circunstâncias. Por Cristo, nosso Senhor.

Todos: Amém
(O ministro pode aspergir os pais com água (benta). Enquanto isso, pode-se rezar um Pai-Nosso, uma Ave-Maria ou cantar breve refrão).

6.5. Benção de objetos religiosos

(O ministro pode estender as mãos sobre os objetos enquanto reza a oração da benção).

Ministro: Bendito sejais, Senhor, fonte e origem de toda benção, pois vos alegrais com o vigor da piedade dos fiéis; permanecei ao lado deles, e concedei que eles usem estes sinais de fé e piedade para transformar-se na imagem do vosso Filho. Que vossa benção ao mesmo tempo que se estende sobre estes objetos se estenda também, e principalmente, sobre as pessoas que a buscam e sobre aqueles que usarem estes objetos. Por Cristo, nosso Senhor.

Todos: Amém
(O ministro pode aspergir os objetos com água (benta). Enquanto isso, pode-se rezar um Pai-Nosso, uma Ave-Maria ou cantar breve refrão).

6.6. Benção da água

Ministro: Bendito sois, Senhor, Deus todo-poderoso, que vos dignastes abençoar-nos em Cristo, água viva de nossa salvação, e reformar-nos interiormente, concedei-nos, junto a esta água, renovar a juventude de nossa alma e sempre poder caminhar na vida pela graça do Espírito Santo. Derramai vossa copiosa benção sobre esta água e sobre todos aqueles que fizerem uso dela. Por Cristo, nosso Senhor.
(O ministro, tocando a água com a mão, traça o sinal da cruz sobre ela. A seguir pode rezar o Pai-Nosso, Ave-Maria e Gloria ao Pai).

7. Celebração para benzer uma casa

1- Em nome do Pai, do Filho e do Espírito Santo.
2- Saudação: Que a graça de nosso Senhor Jesus Cristo, o amor do Pai e a proteção do Espírito Santo estejam nesta casa e com todos os seus moradores.

3 – Sentido e importância da benção
Irmãos e irmãs. Tudo foi criado por Deus. E depois que criou, Deus viu que tudo era bom. E abençoou a criação.
Tudo pertence a Deus. Tudo é conduzido e, de certo modo, habitado por Deus. Deus está presente em toda parte. Mas, quando uma pessoa pede a benção sobre si, e sobre suas coisas, é porque deseja que esta presença de Deus seja vivida mais conscientemente. É porque ele quer assumir um compromisso de vida com Deus, de forma especial.
Pedir a Deus que abençoe um lar, é confiar de novo ao Senhor, por um ato livre e cheio de amor, todo o destino desta casa. E é também, em troca, assumir com Deus o compromisso de dar-lhe sempre o lugar, que só a Ele pertence, não só nesta casa, mas principalmente no coração das pessoas que aqui vivem.

Deus estará aqui presente, abençoando a vida, como fez desde o princípio da criação. E os moradores desta casa viverão mais ainda na presença de Deus, nosso Pai.
Vamos ouvir então a Palavra do nosso Deus.

4 – Rito da Palavra – Evangelho (Lucas19,1-6.9a)

O Senhor esteja conosco!
Ele está no meio de nós!
Proclamação do Evangelho de Jesus Cristo segundo Lucas.
Gloria a vós Senhor!
Jesus entrou em Jericó e atravessou a cidade. Havia lá um chefe de publicanos, chamado Zaqueu, que era muito rico.
Ele queria ver Jesus, mas não estava conseguindo, por causa do povo e porque ele era muito baixo. Então, ele correu mais à frente, e subiu numa arvore, para ver melhor, quando Jesus passasse por ali. Jesus chegou àquele lugar, olhou para cima, e disse: "Zaqueu, desça depressa, porque hoje preciso ficar em sua casa".
Ele desceu rapidamente, e o recebeu com muita alegria. E Jesus disse a Zaqueu: "Hoje a salvação entrou nesta casa". Palavra da Salvação!
Gloria a vós, Senhor.

5 – Bênção da casa – Preparação da água.
Irmãos e irmãs, toda vida cristã decorre do Batismo. E no Batismo, a parte principal é o símbolo da água que lava e é derramada sobre nós. Por isso, na Igreja, a água benta é sempre para nos lembrarmos do nosso Batismo. Assim como a água da vida à terra seca, assim, pela água do Batismo, recebemos uma vida nova, comunicada por Deus: Pai, Filho e Espírito Santo.
Pelo Batismo, nós começamos a ser de Deus e morada do Espírito Santo.

Por isso é que a gente costuma jogar água benta nas coisas que desejamos santificar, para uso dos filhos de Deus. Para que contribuam para seu bem, e especialmente para a sua eterna salvação.

Oração

Senhor Jesus Cristo, fazei entrar nesta casa, com nossa humilde visita, a felicidade sem fim, a alegria serena, a caridade benfazeja, a saúde duradoura.

Retirem-se daqui os espíritos maus, e venham os anjos portadores da paz. Desapareça desta casa toda discórdia.

Senhor, manifestai em nós, o poder do vosso santo Nome, e abençoai, por mossa presença, esta casa. Vós, que sois Deus, com o Pai, na unidade do Espírito Santo. **Amém.**

(Em seguida faz-se o rito da aspersão em toda a casa, que pode ser executado com um asperge ou com um ramo).

6 – Preces e orações

Esta casa foi abençoada pela Igreja. Mas a Igreja deseja que reuniões como esta, com a leitura da Palavra de Deus, sejam encerradas com a oração de todos, na qual não pedimos só por nós, mas por todo o mundo.

1. Pela santa Igreja de Deus, para que seja na terra a casa de todos os homens, onde todos se reconheçam como irmãos e como filhos de Deus, rezemos ao Senhor.

R. Senhor, escutai a nossa prece.

2. Pelos ministros da Igreja para que saibam levar aos lares dos homens a força da Palavra de Deus, e a graça dos sacramentos, rezemos ao Senhor. **R.**

3. Por esta casa agora abençoada, para que a benção de Deus permaneça sempre sobre todos aqueles que habitam debaixo

deste teto, e os faça viver segundo o Evangelho, rezemos ao Senhor. **R.**

4. Por todos aqueles que lutam por uma casa, para que encontrem apoio na generosidade dos irmãos na fé, e na assistência dos governantes, rezemos ao Senhor. **R.**

Bendito sejais, Deus nosso Pai, por esta casa que concedeis para habitação desta família. Que a vossa benção permaneça sobre ela. Que o vosso Espírito Santo penetre os corações e as vidas de seus moradores, fazendo-os arder em amor por vós e pelo próximo. Todos que por aqui passarem, encontrem sempre um bom acolhimento, e sejam recebidos como mensageiros de Cristo, nosso Irmão. Ele, que vive e reina convosco, na unidade do Espírito Santo. **Amém.**

7 – Oração do Pai-Nosso

Irmãos. Todos caminhamos para chegar um dia à casa do Pai. Vamos, juntos, rezar ao Pai, como nosso irmão Jesus nos ensinou.

Pai nosso, que estais...

8 – Oração da Ave Maria

Invoquemos também a proteção de Nossa Senhora.

Ave Maria cheia de graça...

9 – Benção final

A benção de Deus todo-poderoso, Pai e Filho e Espírito Santo, desça sobre nós, e permaneça para sempre. **Amém.**

8. Rito da Comunhão dos Enfermos

Preparação do ambiente:
Sugestões: uma mesinha forrada, uma ou duas velas acessas, um crucifixo.

Saudação a todos:
A paz esteja nesta casa e com todos os seus moradores.

Rito da aspersão do enfermo
Esta água Benta nos lembra o nosso Batismo, quando nos tornamos filhos de Deus. Pelo Batismo formamos um mesmo corpo com Cristo. Ele venceu a morte com a sua ressurreição.
Gloria a vós, Senhor!

Rito penitencial
Senhor, vós nos criastes para a vida. Olhai para nós, cheios de fraquezas. Perdoai nossos pecados, e tende piedade de nós.
Senhor tende piedade de nós!
Cristo, morrestes na cruz por causa de nossos pecados. Fazei valer o vosso sangue divino. Perdoai nossos pecados, Cristo, e tende piedade de nós!
Cristo tende piedade de nós!
Senhor, vós nos chamastes a viver na vossa Igreja uma vida de amor em comunidade. E nós muitas vezes falhamos, e vivemos no egoísmo. Perdoai nossos pecados, Senhor, e tende piedade de nós!
Senhor tende piedade de nós!

Rito da Palavra
Disse Jesus: "Nem só de pão vive o homem, mas de toda palavra que sai da boca de Deus". (Mt 4,4)

Evangelho: (Jo 6,54-55)

O Senhor esteja conosco!
Ele está no meio de nós!
Proclamação do Evangelho de Jesus Cristo escrito por João.
Gloria a vós Senhor!

Quem come a minha carne e bebe o meu sangue tem a vida eterna, e eu o ressuscitarei no último dia, porque a minha carne é verdadeira comida e o meu sangue é verdadeira bebida. Palavra da Salvação.
Gloria a vós Senhor!

Reflexão

Preces
Ó Jesus, cremos firmemente que estais aqui, neste Santíssimo Sacramento. Nós vos adoramos, com os anjos e santos, e com todos os irmãos na fé. Nós vos agradecemos a Fé cristã, que nos dá uma vida nova, a vida eterna, que hoje viestes alimentar com vossa presença.
Ó Jesus, fazei que jamais nos afastemos de vós. Porque só vós sois o Caminho que nos conduz ao Pai. Só vós sois a Verdade que ilumina e dirige nossos passos. Só vós sois a vida, que nos faz filhos de Deus, cheios da vossa paz e da vossa alegria.
Senhor, permanecei junto de nós. Fortificai nossa fé. Aumentai nossa esperança. E fazei que vos amemos cada vez mais, e amemos igualmente todos os nossos irmãos.
Jesus, vamos agora rezar ao Pai, nos servindo das vossas próprias palavras.
Todos: Pai Nosso...

Rito comunhão

Senhor Jesus, destes à vossa Igreja o grade dom da Eucaristia para celebrarmos a memória de vossa Paixão, Morte e Ressurreição. Pela Eucaristia vos unistes a nós intimamente. Quereis que cresça entre nós a união fraterna. Queremos aproximar-nos da vossa mesa com fé, amor e humildade. Amém. Felizes os convidados para a ceia do Senhor! Provai e vede como o Senhor é bom! Eis o cordeiro de Deus, que tira o pecado do mundo.

Senhor, eu não sou digno de que entreis em minha morada, mas dizei uma só palavra e serei salvo.

Obs.: Quando o doente não puder comungar a partícula inteira, o ministro parte a hóstia e dá só um pedaço. Pode também servir numa colher com água.

Oração:

Senhor, Pai Santo, Deus todo Poderoso, nós vos pedimos confiantes, que o sagrado corpo de vosso Filho, nosso Senhor Jesus Cristo, seja para este nosso irmão (ã), um remédio de eternidade, tanto para o corpo como para a alma. Por nosso Senhor Jesus Cristo, vosso Filho, na unidade do Espírito Santo. **Amém.**

Benção final:

O Senhor esteja conosco!

Deus Pai te dê a sua Bênção. Deus Filho te conceda a saúde. Deus Espírito Santo te ilumine. Guarde o teu corpo e salve a tua alma. Encha de luz teu coração e te conduza à vida eterna. **Amém.**

E a todos nós, aqui reunidos, abençoe-nos o Deus todo poderoso, Pai e Filho e Espírito Santo. **Amém.**

Bendigamos ao Senhor.

Graças a Deus!

9. Bibliografia:

RIBEIRO, Paulo de Freitas, Pe. Ser ministro, ed. O recado, 5ª edição, São Paulo

BUYST Ione. O leitor e a proclamação da palavra nas celebrações do povo de Deus. In: *Revista de Liturgia*, São Paulo, n. 33, 1979, p. 2-9.

—. Celebração dominical da Palavra. In: BUYST Ione & FRANCISCO Manoel João. *O mistério celebrado: memória e compromisso II* (= Coleção "Livros Básicos de Teologia" 10). Siquem, Valencia (Espanha) – Paulinas, São Paulo, 2004, p. 123-135.

—. *Celebração do domingo ao redor da Palavra de Deus* (= Coleção "Celebrar"). Edição revista e atualizada, São Paulo, Paulinas, 2002.

—. *A Palavra de Deus na liturgia* (= Coleção "Rede Celebra" 1).. 5.ed. São Paulo, Paulinas, 2004.

CNBB. *Orientações para a celebração da Palavra de Deus* (= Documentos da CNBB 52). 6ª ed. São Paulo, Paulinas, 1994.

CONGREGAÇÃO PARA O CULTO DIVINO. *Celebrações dominicais na ausência do presbítero...* (= Documentos Pontifícios 224). Petrópolis, Vozes, 1989.

ADAM Adolf. *O ano litúrgico. Sua história e seu significado segundo a renovação litúrgica.* São Paulo, Paulinas, 1982.

ALLMEN Jean-Jacques von. O culto e o tempo. In: *O culto cristão, teologia e prática.* São Paulo, Aste, 1968, p. 261-292 (cap. 6)

AUGÉ Matias e outros. *O ano litúrgico: história, teologia e celebração* (= Anámnesis 5). São Paulo, Paulinas, 1991.

—. *Domingo, festa primordial dos cristãos.* São Paulo, Ave-Maria, 2000.

BARROS Marcelo de & CARPANEDO Penha. *Tempo para amar. Mística para viver o ano litúrgico.* São Paulo, Paulus, 1997.

ALDAZÁBAL Jose (Org.). *El arte de la homilía* (= Dossiers CPL 3). Barcelona, Centre de Pastoral Litúrgica,1986, com farta bibliografia nas pp. 83-84.

ARGÁRATE Pablo. A homilia. In: *A Igreja celebra Jesus Cristo. Introdução à celebração litúrgica* (= Liturgia e Participação). São Paulo, Paulinas, 1997, p. 107-110.

BECKHÄUSER Alberto. A homilia à luz da Sagrada Liturgia. In: HACKMANN Pe. Geraldo L. B. (Org.). *Sub umbris fideliter. Festschrift em homenagem a Frei Boaventura Kloppenburg*. Porto Alegre, EDIPUCRS, 1999, p. 11-39.

BUYST Ione. Homilia, experiência orante. In: *Revista de Liturgia*, São Paulo, n. 107, 1991, p. 136-137.

—. *Homilia, partilha da Palavra* (= Coleção "Rede Celebra" 3). 5ª ed. São Paulo, Paulinas, 2004.

CARVALHO Dirce de. *Homilia: a questão da linguagem na comunicação oral* (= Comunicar 7). São Paulo, Paulinas, 1993

COLDEBELLA Silde. Liturgia em mutirão. Um exemplo típico de homilia. In: *Revista de Liturgia*, São Paulo, n. 107, 1991, p. 138-139.

COMISSÃO EPISCOPAL DE LITURGIA (da Espanha). Partir el Pan de la Palabra. Orientaciones sobre el ministerio de la homilía. In: *Notitiae*, Vaticano, n. 209 (1983), 814-834.

DELLA TORRE Luigi. Homilia. In: TRIACCA Achille M. & SARTORE Domenico. *Dicionário de Liturgia*. São Paulo, Paulinas, 1992, p. 555-571.

DEPARTAMENTO DE LITURGIA DO CELAM. *A homilia. O que é? Como se prepara? Como se apresenta?* São Paulo, Paulinas, 1983.

FESENMAYER Gebhard. A Homilia na Celebração Litúrgica. In: BARAUNA Guilherme(Org.). *A Sagrada Liturgia Renovada pelo Concílio*. Petrópolis, Vozes, 1964, p. 405-427.

GOENAGA José Antônio. La homilía: acto sacramental y de magisterio. In: *Phase*, Barcelona, n. 95 (1976), 339-358.

LEHMANN Karl, MALDONADO Luís & GRASSO Domenico. Situação presente, e meios de atualização da pregação: Nota Introdutória. In: *Concilium,* Petrópolis, v. III, n. 33, 1968, p.106-136.
ABREU LEME Jair de. A Homilia à luz da Constituição "De Sacra Liturgia". In: REB (Revista Eclesiástica Brasileira), Petrópolis, v.25, fas. 98, 1965, p. 244-256.
LLOPIS Juan. O Anúncio da libertação na liturgia. In: *Concilium*, Petrópolis, v.10, n. 92, 1974, p. 210-217.
MALDONADO, Luis. *A Homilia: pregação, liturgia, comunidade.* São Paulo, Paulus, 1997.
—. Cuestiones actuales sobre la homilía. In: *Phase*, Barcelona, n. 237-238, 2000, p. 247-254.
ELENCO das leituras da missa. Introdução geral, n. 24-27. In: *Palavra do Senhor I: Lecionário dominical A-B-C.* São Paulo, Paulinas, 1994, p. 20-21; *II: Lecionário semanal.* São Paulo, Paulus, 1995, p. 20-21; *III: Lecionário para as missas dos santos, dos comuns, para diversas necessidades e votivas.* São Paulo, Paulus, 1997, p. 18-19 (Homilia).
SILVA José Ariovaldo da. Homilia, uma entrada para o mistério da vida. In: *Revista de Liturgia*, São Paulo, n. 107, 1991, p. 134-135.
—. Sentir Deus falando. Um direito do povo, um desafio para o homiliasta. In: *Mundo e Missão* 83 (junho 2004), p. 34-35.

Printed by Books on Demand GmbH, Norderstedt / Germany